令和6(2024)年度版

賃貸不動産経営管理士 試験対策用テキスト

賃貸不動産経営管理士資格試験対策研究会／編著

大成出版社

まえがき

　日本における人々の住まいをみると、住宅ストック総数の4分の1を超える1,500万戸近くが賃貸住宅であり、賃貸住宅は日本の住環境を支える住居形態になっています。現在では、人々の安心で安全な生活環境のために、賃貸住宅の適正な管理が強く必要とされるようになりました。

　この状況に対応し、賃貸住宅の適正な管理の実現を目的として、賃貸住宅の管理業務等の適正化に関する法律（賃貸住宅管理業法）が制定されており、すでに同法に基づく賃貸住宅の管理は、人々のくらしの中に定着しています。

　賃貸住宅管理業法のもとでは、賃貸住宅管理業者は、各営業所または事務所に1人以上の業務管理者を配置することが義務づけられています。賃貸不動産経営管理士は、この業務管理者となりうる国家資格として位置づけられています。賃貸不動産経営管理士となるためには、賃貸不動産経営管理士試験に合格しなければなりません。

　ところで、賃貸不動産経営管理士試験は、「賃貸不動産管理の知識と実務」（大成出版社）から出題されており、同書をマスターすれば、間違いなく合格できます。しかし、同書は頁数が多く、その記述も決してわかりやすくありません。

　そこで、本書は、同書に記載される事項のうち、合格ために必要な情報だけをまとめて解説しました。本書では賃貸不動産経営管理士試験の試験問題が公表されるようになってから9年間の試験問題を徹底的に調べ上げ、これからの試験のために検討の必要がない問題を除き、すべての試験問題のポイントをまとめています。

　本書を利用いただき、読者のみなさまが無事に試験に合格していただきますよう祈念いたします。

2024年4月

賃貸不動産経営管理士資格試験対策研究会

目　次

●まえがき

●ご購読者限定*!*●

令和6(2024)年度本試験に向けての総仕上げ
予想問題ダウンロードサービスのご案内

本書をご利用のご購読者限定の特典として、本試験直前の予想問題を、ダウンロードサービスによってご提供いたします（サービス開始は2024年8月末を予定）。

■令和6年度本試験　直前対策予想問題（模試）（全50問）
「ダウンロード」の方法は、つぎのとおりです。

❶URLからのアクセス

https://www.taisei-shuppan.co.jp/support/9470.html

❷QRコードからのアクセス

※アクセス後、下記のパスワードを入力するとダウンロードできます。

> パスワード：N5yGRUb3

第 1 編

賃貸住宅管理を巡る
社会経済状況

1. 住生活基本計画

　2006年（平成18年）6月に、住生活基本法が制定され、わが国の住宅政策は、同法に基づく住生活基本計画に沿って進められている。住生活基本法は、かつて採られていた住宅の量を確保するための政策を転換し、住生活の「質」の向上を図ることを政策の目的としている（R0101肢4）。現在の住生活基本計画は、2021年（令和3年）3月に、計画期間を令和3年度〜令和12年度として、策定されたものである。

　現在の住生活基本計画では、「新たな日常」やDXの進展等に対応した新しい住まい方の実現（第1の目標）、頻発・激甚化する災害の新ステージにおける安全な住宅・住宅地の形成と被災者の住まいの確保（第2の目標）、子どもを産み育てやすい住まいの実現（第3の目標）、脱炭素社会に向けた住宅循環システムの構築と良質な住宅ストックの形成（第6の目標）等が、目標とされている（R0548肢ウ、R0346肢1、R0101肢1〜肢2）。

2. 不動産業ビジョン2030

　国土交通省は、2019年（平成31年）4月に、不動産業に携わるすべてのプレーヤーが不動産業の持続的な発展を確保するための官民共通の指針を「不動産業ビジョン2030」としてとりまとめ、公表した。不動産業ビジョンでは、不動産業の将来像として、エリア価値の向上などを示したうえで（R0548肢エ）、管理サービスを、不動産価値を維持向上させる業と捉え、コミュニティ形成や高齢者のための日常生活の見守りを管理の役割としている（R0444肢4）。

3. 空き家問題

　空き家問題は社会問題となっている。空き家問題を解決するには撤去と有効活用の2つの方向が考えられるところ、有効活用のためには空き家を賃貸することが有力な選択肢だが、契約関係について特別な取り扱いが必要なことや、賃貸市場に供給されていないことから、空き家の賃貸は広まってはいない（R0548肢ア）。

空き家対策のための空き家対策法（「空家等対策の推進に関する特別措置法」）が改正され、2023年（令和5年）12月に改正法が施行された。この改正法により、特定空家に加えて管理不全空家も市区町村からの指導・勧告の対象となった。空き家のある市区町村から「管理不全空家」や「特定空家」としての指導を受け、それに従わずに勧告を受けると固定資産税等の軽減措置（住宅用地特例）が受けられなくなる。

4．住宅セーフティネット制度

(1) 概要

高齢者、障害者、子育て世帯等の住宅の確保に配慮が必要な人々が多くなっており、今後も増加する見込みである。これらの人々の住宅を確保することが住宅セーフティネットといわれる。住宅セーフティネットの根幹は公営住宅である。

しかし、公営住宅は大幅な増加が見込めない。一方民間の空き家・空き室は増加している。そのため、民間の空き家・空き室を活用する住宅セーフティネット制度が2017年10月からスタートした。この住宅セーフティネット制度は、次の3つの柱からなっている。

① 住宅確保要配慮者の入居を拒まない賃貸住宅の登録制度

住宅確保要配慮者の入居を拒まない賃貸住宅（セーフティネット住宅、登録住宅）の登録のためには、登録を受ける空き家等は、構造・設備、床面積、家賃等が、国土交通省令で定める登録基準に適合していなければならない（住宅セーフティネット法8条）（R0347肢3）。

② 登録住宅の改修や入居者への経済的な支援

登録住宅については、国・地方公共団体からバリアフリー等の改修費の補助を受けることができる（R0205肢2）。

③ 住宅確保要配慮者に対する居住支援

登録住宅については、要配慮者の家賃債務保証料や家賃低廉化に対し、国・地方公共団体によって、家賃や家賃債務保証料を低廉化するための助成措置が講じられている（R0205肢3）。

また、低額所得者、被災者、高齢者、障害者、子供を養育する者、その他に特に住宅の確保配慮を要する者の民間賃貸住宅への円滑な入居の促進が求められ、居住支援協議会がつくられて、住宅情報提供などの活動が行われている（R0548肢イ）。

(2) 住宅セーフティネット法による登録住宅

登録住宅（本問におけるセーフティネット住宅）は、住宅確保要配慮者の入居

を拒まない賃貸住宅である。ただし、事業者は入居を受け入れる住宅確保要配慮者の範囲を決めることができる。登録住宅は、決められた範囲の住宅確保要配慮者の入居を拒否しない住宅なのであって、あらゆる住宅確保要配慮者の入居を常に拒まないというわけではない（R0205肢1）。

(3)　住宅扶助費等の代理納付

　　生活保護受給者が賃貸人に支払うべき家賃等について、家賃滞納のおそれがある場合、保護の実施機関が賃貸人に直接支払うという住宅扶助費等の代理納付がなされる（生活保護法37条の2）。登録住宅の借主が生活保護受給者である場合に、この代理納付の制度を利用し、保護の実施機関が住宅扶助費等を代理納付することが可能である（R0205肢4）。

第2章 賃貸住宅経営および賃貸住宅管理業のありかたと将来像

> 1. 賃貸住宅の管理業者は、不動産の適切な管理を通じてその価値の維持保全に尽力し、良質な不動産ストックの形成に資する社会的役割を担っている
>
> 2. 管理業者は不動産に関する専門家であり、取引の関係者が十分な情報を得た上で契約を締結できるように配慮しなければならない

1．賃貸住宅経営

　賃貸住宅の経営は、居住者の多様化するニーズや老朽化建物の増加への対応など、社会的な要請に応えつつ、事業者が適正な収益を上げ、健全な状況が維持されることが必要である。そのために、賃貸住宅の賃貸人は、計画修繕を行うなどの投資判断を行うことになる（R0444肢1）。また近年では、賃貸人が賃貸収入を確保するためには、新規入居者からの一時金収入とその際の賃料引き上げに期待するのではなく、優良な賃借人に長く住んでもらうことが重要と考えられている（R0444肢2）。

2．賃貸住宅の管理業者の役割

　賃貸住宅の管理業務は、賃貸人から依頼を受けて、賃貸人の賃貸住宅経営のために行う業務である。居室部分だけではなく、共用部分に関する維持保全、清掃、巡回、災害発生時の対応等も、業務に含まれる（R0342肢1）。賃貸人がいかにして不動産の所有者が不動産から収益を上げるかという観点から管理のあり方を構成することが必要であり、賃貸人の賃貸住宅経営を総合的に代行する専門家として業務が求められている（R0342肢3）。

　とはいえ、賃貸住宅の管理業者は、不動産の適切な管理を通じてその価値の維持保全に尽力し、良質な不動産ストックの形成に資する社会的役割を担っている（R0202肢1）。　賃貸人の利益だけではなく、入居者・利用者を含めたすべての関係者の利益に配慮して管理業務を行わなくてはならない（R0444肢3）。

　管理業者は不動産に関する専門家であり、取引の関係者が十分な情報を得た上で契約を締結できるように配慮する責任がある。将来の家賃変動等、管理業者にとって不利益な事項を含めて、契約の相手方に情報提供をすることも必要である（R0202肢4）。賃借人保持と快適な環境整備の整備、透明性の高い説明と報告などは、いずれも管理業者の役割である（R0342肢4）。

　なお、管理受託方式の賃貸住宅経営においては、管理業者は、法律行為について

賃貸人を代理するか、または、賃料の収受や契約条件の交渉、共用部分の維持保全を事実行為として行い、管理業務を行う。必ずしも賃貸人の代理として行うとは限らない（R0342肢2）。

第 2 編

賃貸住宅管理業法

▶ 1．2020（令和2）年6月に賃貸住宅管理業法が制定された
▶ 2．賃貸住宅管理業法は、❶賃貸住宅管理業者の登録制度、❷サブリースの規制措置の2つから構成される。賃貸住宅管理業者には登録制を採用し、サブリース業者（特定転貸事業者）等については、業務のルールを定めた

1．背景

　民間主体が保有する賃貸住宅のストック数は増加傾向にある。平成30年時点において住宅ストック総数（約5,360万戸）の4分の1強（28.5％：1,530万戸）となっている（R0429肢1）。

　また、管理業務を自らすべて実施する者が減少し（平成4年度75％、令和元年18.5％）、賃貸住宅管理会社に業務を委託する賃貸住宅の所有者が増加している（平成4年25％、令和元年81.5％）（R0429肢2）。

　このような状況のもとで、2020（令和2）年6月に賃貸住宅の管理業務等の適正化に関する法律（賃貸住宅管理業法）が制定された。賃貸住宅管理業法は、賃貸住宅管理業者には登録制を採用し、サブリース業者（特定転貸事業者）等については、業務のルール（サブリースの規制措置）を定めている。賃貸住宅管理業法は、❶賃貸住宅管理業者の登録制度、❷サブリースの規制措置の2つから構成される。

2．賃貸住宅管理業者の登録制度

⑴　参入規制（業規制）

　　賃貸住宅管理業を営むためには、国土交通大臣の登録を受けなければならない（賃貸住宅管理業法（以下、本編においては、単に条文だけを示すときは、同法の条文）3条1項本文。ただし、管理戸数200戸未満なら登録不要）。従来から管理業務を営んでいた事業者でも、管理業法の施行日（令和4年6月15日）以降は、登録をしなければ、賃貸人との間で新たに賃貸住宅の維持保全を内容とする管理受託契約を締結し、管理業務を行うことができない（R0431肢2）。それ以前に締結した管理受託契約の履行に必要な行為であっても、登録がなければ、業務を行うことは許されない（R0431肢1）。特定転貸事業者であっても賃貸住宅管理業を営むためには登録を受けなければならない（管理業法3条1項本文）（R0429肢3）。

　　管理戸数200戸未満でも登録は可能である。登録を受けた場合には、業務の

ルールを遵守しなければならない。

　国および地方公共団体には、賃貸住宅管理業法は適用されない。

(2)　行為規制

　登録を受けた賃貸住宅管理業者は管理業務の規律を遵守しなければならない。規律を遵守しない事業者に対しては、業務改善や業務停止が命令される。刑事罰も定められており、罰則が科される。

3．サブリースに対する規制措置

(1)　参入は自由（営業は規制されない）

　賃貸住宅管理業はサブリース事業を行うこと自体を規制していない。賃貸住宅管理業の登録がなくても、転貸を目的として賃貸住宅を賃借するマスターリースの契約を締結するができるし（R0431肢3）、事業者が、マスターリース契約によって賃借した賃貸住宅について、入居者との間の転貸借契約の締結をすることも規制されない。賃貸住宅管理業の登録は不要である（R0431肢4）。

(2)　行為規制

　しかし、賃貸住宅管理業法は、マスターリース（事業者が、転貸を目的として賃貸住宅を賃借すること）を特定転貸借、転貸借を事業として行う者を特定転貸事業者として、特定転貸事業者の営業行為について遵守事項を定め、制約を加えた。事業者が遵守しなければならないのは、次の5つのルールである。

❶　誇大広告等の禁止
❷　不当な勧誘等の禁止
❸　契約締結前の重要事項説明
❹　契約締結時の書面交付
❺　業務状況調書等の備え置き、閲覧

　規律を遵守しない事業者に対しては、行政による監督（指示や業務停止命令）がなされる。刑事罰も定められており、規律を守らない者には、罰則が科される
　なお、❶と❷については、法は、勧誘者についても義務づけている（R0429肢4）。

▶ 1．賃貸住宅とは、賃貸目的の、居住用の家屋で、人の生活の本拠として使用されるものである
▶ 2．管理業務とは、賃貸人から委託を受けて行う、賃貸住宅の維持保全、または、家賃、敷金、共益費その他の金銭の管理（維持保全と併せて行うもの）である
▶ 3．管理業者とは、委託を受けて、管理業務を行う事業である

第1節 賃貸住宅の定義

　賃貸住宅とは、❶賃貸目的の、❷居住用の家屋（または家屋の部分）であり、❸人の生活の本拠として使用されるものである（R0329肢1）。住宅だから、事業用のオフィスや倉庫等は、含まない。複数の用途に供されている場合、居住用部分だけが、賃貸住宅にあたる。事業の用に供される事務所としてのみ賃借されている家屋の一室は賃貸住宅にはならない（R0329肢4）。

　家屋等が建築中であっても、竣工後に賃借人を募集する予定であれば、賃貸住宅に該当する。賃貸借契約が締結されておらず、賃借人（入居者）を募集中の家屋等や募集前の家屋等であっても、賃貸借契約の締結が予定され、賃借することを目的とされる場合は、賃貸住宅になる（R0329肢3）。

　宿泊事業に利用される住宅が賃貸住宅に含まれるかどうかが問題となるところ、住宅であっても（イ）～（ハ）は、賃貸住宅には含まれない（規則1条1号～3号）。

　（イ）旅館業法の許可を得て旅館業に利用される住宅
　（ロ）特区民泊（国家戦略特別区域法）
　（ハ）民泊法による民泊（住宅宿泊事業法）

　民泊に利用される住宅（（ロ）、（ハ））については、❶現に人が宿泊し、宿泊の予約や募集が行われる場合、賃貸住宅にあたらない、❷民泊事業の用に供されていない場合、賃貸住宅にあたる。

　また、ウィークリーマンション・マンスリーマンションなどについては、❶旅館業によるもの（旅館業法の適用対象になるもの）は賃貸住宅にあたらず、❷旅館業によらないものは賃貸住宅にあたるものとされている（R0433肢エ）。

【賃貸住宅】

❶　事業用のオフィスや倉庫等は、含まない
❷　複数の用途に供されている場合、居住用部分だけが、賃貸住宅にあたる
❸　家屋が建築中であっても、賃貸住宅にあたる
❹　契約が締結されていなくても（入居者募集中でも）、賃貸住宅にあたる

【ウィークリーマンション・マンスリーマンションなど】

❶　旅館業によるもの（旅館業法の適用対象になるもの）は賃貸住宅にあたらない
❷　旅館業によらないものは賃貸住宅にあたる

【民泊に利用される住宅（上記、（ロ）（ハ））】

❶　現に人が宿泊し、宿泊の予約や募集が行われる場合、賃貸住宅にあたらない
❷　民泊事業の用に供されていない場合、賃貸住宅にあたる

第2節 | 管理業務の定義

1．概説

　管理業務とは、賃貸住宅の賃貸人から委託を受けて行う業務であって、❶または❷にあたるものである（法2条2項はしら書き）。

❶　委託に係る賃貸住宅の維持保全を行う業務
❷　家賃、敷金、共益費その他の金銭の管理を行う業務（❶と併せて行うものに限る）（法2条2項2号）

　委託に関しては、賃貸人から明示的に契約等の形式により委託を受けているか否かに関わらず、本来賃貸人が行うべき賃貸住宅の維持保全を、賃貸人からの依頼により賃貸人に代わって行う実態があれば、委託を受けて行うものとなる（「解釈・運用の考え方」2条2項関係1）。
　また、家賃の集金を行っていなくても、賃貸住宅の居室および共用部分の点検・清掃・修繕を行う場合には、管理業務にあたる（R0532肢2）。しかし、賃貸人から委託を受けて、家賃の集金を行うが、居室および共用部分の点検・清掃・修繕を行っていない場合には、管理業務にあたらない（R0532肢1、肢4）。さらに入居者からの苦情対応のみを行う業務であって、賃貸住宅の維持および修繕を行わない場合も、賃貸住宅管理業にはあたらない（R0433肢ア）。入居者の苦情対応を行わないことは、管理業務への該当性には影響を及ぼさない（R0532肢3）。

２．維持保全

　管理業務への該当性を検討するにあたっては、維持保全という概念が鍵となる。維持保全とは、賃貸住宅の居室およびその他の部分について、点検、清掃その他の維持を行い、必要な修繕を行うことをいう。維持と修繕の両方行う場合が維持保全である。維持か修繕の一方だけなら、維持保全に該当しない。

　修繕には、賃貸住宅の賃貸人のために維持保全に係る契約の締結の媒介、取次ぎまたは代理を行う業務が含まれる。維持・修繕業者への契約の発注等については、賃貸人が当事者になるものに限定されない（法２条２項１号）（R0330肢２）。

　「媒介」とは、他人の間に立って、他人を当事者とする法律行為の成立に尽力する事実行為をいい、例えば、賃貸人と維持・修繕業者の間に契約が成立するように、賃貸住宅管理業者が両者の間に立って各種事務を行う行為が該当する。

　「取次ぎ」とは、自己の名をもって他人の計算において、法律行為を行うことを引き受ける行為をいい、例えば、賃貸住宅管理業者が自己の名をもって賃貸人のために維持・修繕業者に発注事務等を行う行為が該当する。

　「代理」とは、本人から代理権を付与された者が、当該本人のために相手方との間で意思表示をし、または意思表示を受けることによって、その法律効果が本人に直接帰属することをいい、例えば、賃貸人から代理権を付与された賃貸住宅管理業者が、賃貸人の代理人として維持・修繕業者と契約を締結する行為が該当する（以上、「解釈・運用の考え方」２条２項関係３）。

　維持保全の対象は、住宅の居室及びその他の部分である。住宅の居室以外の部分のみについて維持および修繕を行う場合には、賃貸住宅の維持保全にならない（「解釈・運用の考え方」第２条第２項関係、「２　賃貸住宅の維持保全」について（第１号関係））（R0330肢３）。エレベーターの保守点検・修繕など、「部分のみ」なら、管理業務に該当しない。

　分譲マンションの一室のみの維持保全を行う場合も、住宅の居室およびその他の部分について、点検、清掃その他の維持を行い、および必要な修繕を行うときには、維持保全を行っているものであって、管理業務にあたる。分譲マンションの共用部分の管理が別のマンション管理業者によって行われている場合であっても、管理業務になる（R0433肢ウ）。

3．金銭の管理

　家賃、敷金、共益費その他の金銭の管理を行う業務は、賃貸住宅の維持保全とあわせて行うものに限って、管理業務に該当する（R0330肢１、肢４）。金銭の管理を行う業務だけの場合（賃貸住宅の維持保全と併せて行うものではない場合）には、管理業務にはあたらない（R0433肢イ）。

【管理業務の意味】

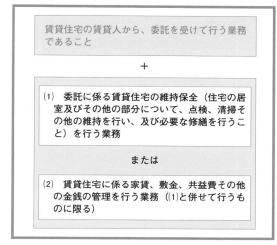

出所：令和6（2024）年度版賃貸不動産管理の知識と実務（50頁）

第3節 | 管理業者の定義

　賃貸住宅管理業とは、賃貸住宅の賃貸人から委託を受けて、管理業務を行う事業である。

　賃貸住宅管理業者とは、登録を受けて賃貸住宅管理業を営む者である。

▶ 1. 賃貸住宅管理業を営むためには、国土交通大臣の登録が必要である
▶ 2. 管理戸数が200戸未満ならば、登録がなくても、管理業務を行うことができる
▶ 3. 無登録営業（国土交通大臣による登録を受けずに管理業務を営む）は、1年以下の懲役、100万円以下の罰金、またはこれが併科される
▶ 4. 登録拒否事由（欠格事由）があれば、登録されない

第1節 | 登録制度

1. 概説

　賃貸住宅管理業を営むためには、管理戸数200戸以上ならば、国土交通大臣の登録が必要である。管理戸数が200戸未満なら、登録がなくても営業できる（R0531肢2・肢3）。

　管理戸数が200戸未満でも登録をすることが可能である。ただし200戸未満の管理を行う事業者であっても、登録を受ければ法の規制に服することになり（R0518肢2）、違反行為があった場合には、業務停止等の監督処分や罰則の対象になる（R0529肢2）。

　法人の場合は法人単位で登録がなされる。支社・支店ごとに登録を受けることはできない（FAQ集2(3) No.3）（R0434肢イ）。

　管理行為が、業として行われるのでない（営利の意思がない）ならば登録は不要である。ただ、無償で管理行為を引き受けたとしても、業になることもある（FAQ集2(3) No.8）（R0531肢1）。

2. 登録期間と登録申請

　登録を行うのは、国土交通大臣である。都道府県知事は登録を行わない。

　登録申請があったときは、拒否事由がない限り、登録され、その旨が申請者に通知される。登録期間は5年である。

　登録簿に記載される事項は次のとおりである。

❶ 商号、名称（または氏名）、住所
❷ 法人なら、役員の氏名
❸ 未成年者なら、法定代理人の氏名および住所

❹　営業所または事務所の名称および所在地

❺　登録年月日および登録番号

　登録簿は一般の閲覧に供される。法人の役員に変更があったときは、変更があったときから30日以内に届け出なければならない（４条１項２号・７条１項）（R0434肢エ）。

　不正の手段によって登録を受けたときは、❶登録の取消し、または業務停止（１年以内）の処分がなされ、❷１年以下の懲役、100万円以下の罰金に処され、またはこれらが併科される（41条１号）。

３．更新

　登録期間満了に際しては更新が可能である。更新後の期間も５年となる。

　登録の更新を受けようとする者は、有効期間の満了の日の90日前から30日前までの間に申請書（４条第１項）を国土交通大臣に提出しなければならない（法３条２項、規則４条）（R0529肢４）。期間満了前に申請があった場合、期間満了までに処分がされないときは、処分がされるまでの間は、登録は有効である。

　登録の更新をせず登録が効力を失ったときには、賃貸住宅管理業者が締結した管理受託契約に基づく業務を結了する目的の範囲内においては、なお賃貸住宅管理業者とみなされる（法27条）。管理受託契約に基づく業務を結了する目的の範囲内であれば、その業務を実施することができる（R0530肢ウ）。

４．登録の効力等

　登録から１年以内に業務を開始せず、または引き続き１年以上業務を行っていないときは、登録は取り消される（23条２項）（R0530肢エ、R0434肢ア）。

　個人が死亡したときは、賃貸住宅管理業者の相続人は、その事実を知った日から30日以内に、届け出なければならない（９条１項１号）（R0332肢１）。

　会社が合併により消滅したときは、法人の登録は効力を失う（法９条１項２号・２項）。その日から30日以内に、その旨を国土交通大臣に届け出なければならない（法９条１項本文・２号）（R0529肢３、R0332肢２）。

第2節 │ 登録拒否事由

下記の一〜十一に該当する者については、申請があっても、登録されない（登録拒否事由・欠格事由）。

一　心身の故障により賃貸住宅管理業を的確に遂行することができない者

二　破産手続開始の決定を受けて復権を得ない者

三　登録を取り消され、取消しの日から5年を経過しない者（法人については、取消しの日前30日以内に役員であった者で、取消しの日から5年を経過しないものを含む）

四　禁錮以上の刑に処せられ、またはこの法律の規定により罰金の刑に処せられ、その執行を終わり、または執行を受けることがなくなった日から起算して5年を経過しない者

五　暴力団員等（暴力団員または暴力団員でなくなった日から5年を経過しない者）

六　賃貸住宅管理業に関し不正または不誠実な行為をするおそれがあると認めるに足りる相当の理由がある者

七　営業に関し成年者と同一の行為能力を有しない未成年者で、法定代理人が一から六のいずれかに該当するもの

八　法人であって、役員のうちに一から六のいずれかに該当する者があるもの

　※　たとえば、役員のうちに破産手続開始の決定を受けて復権を得ない者があるときは、法人については賃貸住宅管理業者の登録が拒否される（R0332肢3）。

九　暴力団員等がその事業活動を支配する者

十　賃貸住宅管理業を遂行するために必要と認められる財産的基礎を有しない者

　※　財産的基礎としては、原則として前事業年度に負債の合計額が資産の合計額を超えていないことが必要である。しかし、負債の合計額が資産の合計額を超えている場合であっても、登録申請日を含む事業年度の直前2年の各事業年度において当期純利益が生じている場合には、登録は拒否されない（「解釈・運用の考え方」第6条第10号関係、FAQ集2(1) No.15）（R0531肢4、R0434肢ウ）。

十一　営業所または事務所ごとに業務管理者を確実に選任すると認められない者

第3節 | 廃業等の届出

　賃貸住宅管理業者が次の一から五までのいずれかに該当したときは、それぞれに定められた者は、その日（一では、事実を知った日）から30日以内に、廃業等届出書を国土交通大臣に届け出なければならない。

一	賃貸住宅管理業者である個人が死亡したとき	その相続人
二	賃貸住宅管理業者である法人が合併により消滅したとき	法人を代表する役員であった者
三	賃貸住宅管理業者である法人が破産手続開始の決定により解散したとき	破産管財人
四	賃貸住宅管理業者である法人が合併および破産手続開始の決定以外の理由により解散したとき	清算人
五	賃貸住宅管理業を廃止したとき	賃貸住宅管理業者であった個人または賃貸住宅管理業者であった法人を代表する役員

　賃貸住宅管理業者が上記一から五までのいずれかに該当することとなったときは、賃貸住宅管理業者の登録は、その効力を失う。

● 一時的な休業の場合は、廃業届を提出する必要はない。
● 1年以上業務を行っていないときは、登録の取消しとなる。

第4章 業務管理者

▶1. 賃貸住宅管理業者は、その営業所または事務所ごとに、一人以上の
　　業務管理者を選任しなければならない
▶2. 業務管理者になるには資格の要件を満たすことが必要
▶3. 業務管理者が欠けた状態で管理受託契約を締結することは禁止

1．業務管理者の選任

　賃貸住宅管理業者は、営業所・事務所ごとに、一人以上の業務管理者を選任しなければならない（R0529肢1）。複数の営業所・事務所の業務管理者を兼務することは認められない（営業所（事務所）間の兼任の禁止、R0527肢ア）。営業所または事務所は、本店、支店、営業所等、どのような名称を使用しているかにかかわらず、業務管理者の選任が必要である（R0527肢イ）。宅地建物取引業を営む事務所における専任の宅地建物取引士との兼任は禁止されない（R0527肢ウ）。

　業務管理者が欠けた状態での管理受託契約の締結は禁止される（12条2項）。なお、禁止されるのは、管理受託契約の締結であって、賃貸住宅管理業を行うこと自体は禁止されるわけではない（R0430肢エ）。

2．業務管理者の資格

(1) 登録拒否事由に該当しない者であること

　業務管理者になるには、登録拒否事由がないことが必要である。たとえば、破産手続開始の決定を受けて復権を得ない者（R0332肢3）、禁錮以上の刑に処せられ、またはこの法律の規定により罰金の刑に処せられ、その執行が終わり、または執行を受けることがなくなった日から起算して5年を経過しない者は業務管理者になることはできない（6条1項2号・12条4項）（R0430肢ア）。

(2) ❶と❷の両方を満たすことが必要

❶　2年以上の実務経験、または国土交通大臣が同等以上と認めたこと
❷　（イ）または（ロ）

（イ）登録証明事業による証明（賃貸不動産経営管理士資格（令和2年以前に合格した者については移行講習を受ける必要がある）を有すること）（R0542肢1）
（ロ）宅地建物取引士で、指定講習の修了者

3．業務管理者の役割

　業務管理者の役割は、次の❶～❾に関し、管理・監督に関する事務を行うことである。これらを自ら行うのではなく、管理・監督することがその役割とされている（R0343肢１）（12条１項）（R0542肢３（家賃、敷金、共益費その他の金銭の管理、帳簿の備え付け）、R0430肢ウ（秘密の保持）、R0301肢２（重要事項説明および書面交付））。

- ❶　重要事項説明および書面交付
- ❷　契約締結時書面の交付
- ❸　賃貸住宅の維持保全の実施
- ❹　金銭（家賃、敷金、共益費等）の管理
- ❺　帳簿の備付け等
- ❻　定期報告
- ❼　秘密の保持
- ❽　入居者からの苦情の処理
- ❾　その他国土交通大臣が定める事項

　なお、従業者証明書の携帯（管理業法17条１項）（R0430肢イ）、家賃の改定への対応、家賃の未収納の場合の対応（R0542肢２）、契約終了時の債務の額及び敷金の精算の事務、原状回復の範囲の決定に係る事務、明渡しの実現（R0542肢４）は、賃貸住宅管理業者が業務管理者に管理・監督を行わせる事務には含まれていない（12条１項）。

1. 概説

賃貸住宅管理業者は、管理受託契約を締結しようとするときは、賃貸住宅の賃貸人（委託者）に対し、契約を締結するまでに、管理受託契約の内容およびその履行に関する重要事項について、書面を交付して説明しなければならない。

説明を行う者についての制限はない（「解釈・運用の考え方」第13条関係）。業務管理者についてみれば、賃貸住宅管理業法上、自ら説明等を行うのではなく、説明等に関する管理および監督を行うことがその役割である（12条1項）（R0501肢ア、R0301肢2）。重要事項説明を業務管理者が行うことも法律上必要とされてはいない。

説明の相手方は賃貸人本人だが、賃貸人本人の意思により、委任状等をもって第三者に代理権を付与している場合には、代理権を授与された第三者（代理人）に対して重要事項説明を行うことが認められる（「FAQ集」事業関連（受託管理）(2)管理受託契約に係る重要事項説明等 No.8）（R0501肢ウ）。年齢18歳をもって成年となるから（民法4条）、賃貸人が満18歳であれば、単独で説明を受けることができる（R0501肢エ）。

2. 説明の時期

賃貸住宅管理業者の重要事項説明は、契約締結前に行わなければならない。契約と説明の間に設ける時間は法的な制約はないが、賃貸人が契約内容を十分に理解した上で契約を締結できるように、説明から契約締結までに1週間程度の期間をおくことが望まれている（ただし、法的な義務ではない）（「解釈・運用の考え方」第13条関係）（R0301肢1）。

契約成立後に変更契約を締結しようとする場合にも、重要事項の説明をしなければならない（たとえば、報酬の額に変更があった場合（R0301肢4））。変更契約を締結する前の説明においては、変更される事項の説明をすれば足りる。ただし、法施行前に締結された管理受託契約であって、契約締結前に重要事項の説明を行っていない場合には、変更契約を締結するにあたって、すべての事項についての説明が必要である。

変更契約で変更する事項が、契約期間のみである場合、組織運営に変更のない商号・名称の変更などの形式的な変更である場合は、説明は不要である。国土交通省は、契約期間中の再委託先の変更についても形式的な変更だから、変更について改めて重要事項説明を行わなくてもよいが、再委託先が変更した場合には、書面または電磁的方法により賃貸人に知らせることが必要としている（FAQ集3(2) No.15）（R0504肢1）。

3．説明の方法

(1) 書面の交付

賃貸住宅管理業者の重要事項説明は、書面（重要事項説明書）を交付して行わなければならない。

(2) 電磁的方法による情報提供

書面の交付に代え、電磁的方法による情報提供が認められる。ただし、相手方の承認（記録が残る方法）が必要である（R0402肢1、R0303肢1）。承諾があれば、電磁的方法による情報提供が書面交付とみなされる。相手方はいったん承諾しても、その後、撤回できる（R0402肢4）。

電磁的方法による提供は、出力して書面を作成できるものであること、改変が行われていないか確認できることを要する（R0402肢3、R0303肢2）。

電磁的方法による情報提供には、次の4種類の方法がある（R0402肢2）。

❶ 電子メール等による方法
❷ ウェブサイトの閲覧等による方法
❸ 送信者側で備えた受信者ファイルを閲覧する方法
❹ 磁気ディスク等を交付する方法

(3) テレビ会議等による説明

テレビ会議等による説明も可能。ただし、次の❶～❸の条件を満たす必要がある。

❶ 説明者と相手方の両者が、図面等の書類および説明の内容について、十分に理解できる程度に映像を視認でき、かつ、音声を十分に聞き取ることができ、双方向でやりとりできる環境にあること（FAQ集3(2)9、10）（R0303肢4）
❷ 重要事項説明書および添付書類をあらかじめ送付していること（ただし、相手方が承諾した場合を除く）（R0303肢3）

相手方が、重要事項説明書および添付書類を確認しながら説明を受ける
ことができる状態にあること、映像および音声の状況について、説明開始
前に確認していること

(4)　電話による説明

　新規に管理受託契約を締結する場合には電話による説明は認められないが、管
理受託契約の変更契約については、賃貸人から依頼があれば、電話で説明を行う
ことができる（R0503肢１）。依頼がなければ電話で説明を行うことはできない。
また、賃貸人が重要事項説明書等を確認しながら説明を受けることができる状態
にあることの確認も必要である（「解釈・運用の考え方」第13条関係４　管理受
託契約重要事項説明に IT を活用する場合について(3)その他）（R0503肢３）。

　電話による説明を行った場合には、賃貸人が説明を理解したことについて、説
明の後に確認しなければならない（「解釈・運用の考え方」第13条関係４　管理
受託契約重要事項説明に IT を活用する場合について(3)その他）（R0503肢４）。

　電話により依頼があった後に、対面または IT の活用を希望する旨の申出が
あったときは、申し出のあった方法によって説明をしなければならない（「解
釈・運用の考え方」第13条関係４　管理受託契約重要事項説明に IT を活用する
場合について(3)その他）（R0503肢２）。

4．説明事項
　賃貸住宅管理業者が説明すべき事項は、次のとおりである。

一　賃貸住宅管理業者の商号、名称・氏名、登録年月日・登録番号
二　対象となる賃貸住宅
三　管理業務の内容および実施方法（R0302肢ア）
　※　回数や頻度を明示して具体的に説明しなければならない（R0502肢１、
　R0401肢ア）。管理業務と併せて入居者からの苦情や問い合わせへの対応
　を行う場合は、その内容についても可能な限り具体的に説明する必要があ
　る（「解釈・運用の考え方」13条関係2(3)）（R0502肢２）。
四　報酬ならびにその支払いの時期および方法（R0302肢イ）
五　報酬に含まれていない費用であって、通常必要とするもの
　※　水道光熱費が報酬に含まれていなければ、管理業務の実施に伴い必要と
　なる水道光熱費や、空室管理費等の費用が説明事項となる（規則31条５
　号）（R0401肢イ）。
　※　水道光熱費が報酬に含まれていれば、水道光熱費は説明事項には含まれ
　ない（R0502肢３）。

六　管理業務の一部の再委託に関する事項（規則31条6号）（R0302肢ウ）

　　※　再委託する業務の内容、再委託予定者の説明が必要である（R0401肢ウ）。

七　責任および免責に関する事項

　　※　賃貸人の賠償責任保険等への加入、保険に対応する損害については賃貸住宅管理業者が責任を負わないこととする場合は、その旨（R0502肢4）

八　委託者への報告に関する事項

　　※　報告内容やその頻度

九　契約期間

　　※　契約の始期、終期および期間

十　入居者への管理業務の内容・実施方法の周知に関する事項（R0401肢エ）

十一　契約の更新および解除に関する事項（R0302肢エ）

5．説明不要となる賃貸人

　賃貸人が、以下の❶～❽の場合は、重要事項説明を行う必要がない（13条1項かっこ書き、規則30条）。

❶　賃貸住宅管理業者

❷　特定転貸事業者

❸　宅建業者

❹　特定目的会社

❺　組合（組合員が不動産特定共同事業契約を締結している場合）

❻　賃貸住宅に係る信託の受託者

❼　独立行政法人都市再生機構（R0501肢イ）

❽　地方住宅供給公社

　賃貸人が❶～❽のいずれにもあてはまらないならば、賃貸人に知識や経験があるとしても、説明義務は免れない（R0301肢3）。たとえば、賃貸人が独立行政法人都市再生機構に勤務する者にすぎない場合には、重要事項説明が必要である（R0501肢イ）。

6．監督・罰則

　管理受託契約の重要事項説明義務に違反した場合には、行政による監督がなされる（業務改善命令、業務停止（1年以内）、登録取消し（登録取消し、業務停止命令は、公告がなされる））。

　管理受託契約の重要事項説明違反については、罰則の定めはない。

▶1．管理受託契約を締結したときは、契約締結時書面を交付しなければ
ならない
▶2．相手方の承諾があれば、電磁的方法による情報提供が認められる
▶3．契約締結時書面の交付は、すべての相手方に対して必要であり、除
外される者はいない

1．概説

　賃貸住宅管理業者は、管理受託契約を締結したときは、賃貸住宅の賃貸人（委託者）に対し、遅滞なく、所定の事項が記載された書面（契約締結時書面）を交付しなければならない。契約締結時書面を重要事項説明書と一体のものとすることはできない（R0404肢2）。

2．書面交付の時期

　書面を交付する時期は、管理受託契約を締結したときに「遅滞なく」である。

　書面の記載事項の変更を内容とする契約（変更契約）を締結したときは、原則として、変更のあった事項についてのみ、契約締結時書面の交付を行えばよい。ただし、法施行前に締結された管理受託契約で、法施行後に書面記載事項に規定される全ての事項についての書面を交付していない場合は、変更のあった事項だけでなく、全ての事項について書面の交付を行わなければならない、（FAQ集3⑵No.13）（R0504肢4）。

　契約の同一性を保ったままで契約期間のみを延長することや、組織運営に変更のない商号または名称等の変更等、形式的な変更については、管理受託契約締結時書面の交付は不要である（「解釈・運用の考え方」第14条第1項関係2）（R0504肢3、R0404肢1）。

　相続やオーナーチェンジで賃貸人が変更した場合、同一の内容で契約が承継される場合は、新たな賃貸人に契約の内容が分かる書類を交付することが望ましい（「解釈・運用の考え方」第13条関係3、（FAQ集3⑵No.16））（R0504肢2）。

3．交付すべき書面

⑴　管理受託契約書との関係

　管理受託契約書を、契約締結時書面としてよい（所定の事項が記載されている必要はある）。重要事項説明のために交付する書面と兼ねることはできない。

(2) 電磁的方法による情報提供

　書面の交付に代え、電磁的方法による情報提供が認められる。ただし、相手方の承認（記録が残る方法）を得る必要がある（R0404肢4）。また、電磁的方法による提供は、出力して書面を作成できるものであること、改変が行われていないか確認できるものであることを要する。承諾を得て電磁的方法による情報提供をした場合には、書面交付とみなされる。相手方はいったん承諾しても、その後、撤回することが可能である。

　電磁的方法による情報提供には、❶電子メール等による方法、❷ウェブサイトの閲覧等による方法、❸送信者側で備えた受信者ファイルを閲覧する方法、❹磁気ディスク等を交付する方法の4種類の方法がある

4．記載事項

　書面に説明すべき事項は、次のとおりである。

一　管理業務の対象となる賃貸住宅
二　管理業務の実施方法
三　契約期間に関する事項
四　報酬に関する事項
五　契約の更新または解除に関する定めがあるときは、その内容
六　管理受託契約を締結する賃貸住宅管理業者の商号、名称または氏名ならびに登録年月日および登録番号
七　管理業務の内容
八　管理業務の一部の再委託に関する定めがあるときは、その内容
九　責任および免責に関する定めがあるときは、その内容
十　委託者への定期報告に関する事項
十一　賃貸住宅の入居者に対する管理業務の周知に関する事項

5．監督・罰則

　管理受託契約の契約締結時書面交付義務に違反した場合には、行政による監督がなされる（業務改善命令、業務停止（1年以内）、登録取消し（登録取消し、業務停止命令は、公告がなされる））。

　また、書面不交付、虚偽記載などにつき、罰則（30万円以下の罰金）の定めがある。管理受託契約の重要事項説明違反については、罰則の定めはないから、重要事項説明義務違反とは、罰則の有無において異なっている。

POINT

▶ 1．賃貸住宅管理業法は、登録業者に、業務処理にあたって誠実にその業務を行う義務およびこれを具体化したさまざまな義務を課している
▶ 2．賃貸住宅管理業者は、管理業務の全部を他の者に対し、再委託してはならない
▶ 3．家賃、敷金等を、自己の固有財産および他の管理受託契約に基づく管理業務で受領する金銭と分別しなければならない

第1節 業務処理の原則

　賃貸住宅管理業法は、国土交通大臣の登録を受けなければ、賃貸住宅管理業を営むことはできないとする登録制を採用した。登録を受けた管理業者は、賃貸住宅管理業法の定める次のルールを遵守しなければならない。

① 業務処理の原則（10条）
　※　賃貸住宅管理業者は、信義を旨とし、誠実にその業務を行わなければならない（10条）（R0528肢1）。
② 名義貸しの禁止（11条）
③ 業務管理者の選任（12条）
④ 管理受託契約の重要事項説明（13条）
⑤ 管理受託契約の契約締結時の書面の交付（14条）
⑥ 管理業務の再委託の禁止（15条）
⑦ 分別管理（16条）
⑧ 証明書の携帯等（17条）
⑨ 帳簿の備付け等（18条）
⑩ 標識の掲示（19条）
⑪ 委託者への定期報告（20条）
⑫ 秘密を守る義務（21条）

第2節 名義貸しの禁止

　賃貸住宅管理業者は、自己の名義をもって、他人に賃貸住宅管理業を営ませてはならない（11条）。名義貸しとは、自己の名義をもって、他人に賃貸住宅管理業を

営ませることである。名義貸しの禁止は名義を利用させた他人が登録を受けているかどうかにかかわらない（R0528肢2）。

　名義貸し禁止の違反には罰則があり、1年以下の懲役、100万円以下の罰金、またはこれらが併科される（R0528肢2）。

第3節 ┃ 再委託の禁止

　賃貸住宅管理業者は、賃貸人（委託者）から委託を受けた管理業務の全部を他の者に対し、再委託してはならない（15条）。業務を分割して再委託をしても、全てを再委託することになるなら、禁止行為にあたる（R0331肢4）。

　他方、全部委託ではなく、一部の再委託は禁止されない。ただし、管理受託契約に管理業務の一部の再委託に関する定めがあることが必要である。再委託先は、賃貸住宅管理業者でなくてもよい（R0528肢4）。

> 全部の再委託 ➡ 禁止
> 一部の再委託 ➡ 禁止されない（ただし、契約の定めが必要）

　一部の再委託を行う場合でも、賃貸住宅管理業は、委託先の指導監督を行わなければならない。再委託をした場合には、委託者との関係においては、管理受託契約を締結した賃貸住宅管理業者が再委託先の管理業務の実施について責任を負う（R0528肢4）。

　再委託の禁止の違反者には、行政による監督がなされる（業務改善命令、業務停止（1年以内）、登録取消し（登録取消し、業務停止命令は、公告がなされる））。

　再委託の禁止違反については、罰則の定めはない。

第4節 ┃ 分別管理の義務

1．概説

　賃貸住宅管理業者は、管理業務において受領する金銭を、自己の固有財産および他の管理受託契約に基づく管理業務で受領する金銭と分別しなければならない（「分別管理」16条）（R0331肢2）。

　分別管理の対象は、管理受託契約に基づく管理業務において受領する家賃、敷金等の金銭である。ここでいう管理業務は、賃貸住宅の家賃、敷金等の金銭の管理を行う業務（賃貸住宅の維持保全を行う業務と併せて行うもの）（2条2項第二号）に掲げるものを指す。

2．分別管理の方法

　分別管理とは、自己の固有財産および他の管理受託契約に基づく管理業務で受領する金銭と分別することである。

　分別管理は、原則１と原則２から成り立つ。

（原則１）　管理業務で受領する金銭と自己の固有財産は、口座を分けて管理しなければならない（家賃管理口座と固有財産管理口座）（R0421肢１）。

（原則２）　管理業務で受領する金銭の内訳（管理受託契約ごと・賃貸人ごと）については、口座を分けなくてもよい。ただし、家賃等管理口座に預入された金銭を、現金預金や管理手数料収入、修繕費などの勘定科目に、物件名や顧客名を入れた補助科目を付して仕分けを行って、帳簿や会計ソフトで、他の管理受託契約に基づく管理業務において受領する家賃等と勘定上で分別して管理することを要する（R0518肢４、R0421肢２）。

3．口座の移替え

　その月分の家賃をいったん家賃管理口座（または固有財産管理口座）に全額入金し、管理報酬分の金額を、その後固有財産管理口座（または家賃管理口座）に移し替える方法は許される（「解釈・運用の考え方」第16条関係）（R0518肢１、R0421肢４）。この場合、移替えは速やかに行わなければならない。また、適切な範囲において、固有財産のうちの一定額を家賃管理口座に残しておくことも許される（「解釈・運用の考え方」第16条関係）（R0518肢３、R0421肢３）。

　なお、家賃等管理口座に預入された金銭は契約上定められた時期に賃貸人に交付すればよい。また、管理業者の固有財産のうちの一定額を家賃等管理口座に残しておくことは差し支えない（「解釈・運用の考え方」第16条関係）（R0518肢３）。

4．監督・罰則

　分別管理の義務違反には、行政による監督（業務改善命令、業務停止（１年以内）、登録取消し（業務停止、登録取消しは、公告））がなされる。

　分別管理の違反には、罰則の定めはない。

第5節 | 証明書の携帯等

　賃貸住宅管理業者は、その業務に従事する使用人その他の従業者に、その従業者であることを証する証明書を携帯させなければ、その者をその業務に従事させてはならない（17条１項）（R0331肢１）。証明書は様式が定められている。

　内部管理事務に限って従事する者については、従業者証明書を携帯させる義務はない（「解釈・運用の考え方」第17条関係）（R0528肢３）。

　賃貸住宅管理業者の使用人その他の従業者は、その業務を行うに際し、委託者その他の関係者から請求があったときは、証明書を提示しなければならない（17条２項）。

　証明書を携帯させる義務に違反した場合には、行政による監督がなされる（業務改善命令、業務停止（１年以内）、登録取消し（登録取消し、業務停止命令は、公告がなされる））。

　証明書を携帯させる義務違反に関しては、罰則（30万円以下の罰金）の定めがある。

【証明書を携帯させる義務、提示義務】

❶証明書を携帯させる義務	従業者(※1)に従業者であることを証する証明書(※2)を携帯させなければ、その者をその業務に従事させてはならない
❷従業者の義務（提示義務）	従業者は、その業務を行うに際し、委託者その他の関係者から請求があったときは、証明書を提示しなければならない

（※１）内部管理事務に限って従事する者については、従業者証明書を携帯させる義務はない
（※２）証明書は様式が定められている

第6節 | 帳簿の備付け等

　賃貸住宅管理業者は、営業所または事務所ごとに、その業務に関する帳簿を備え付け、委託者ごとに管理受託契約について契約年月日その他の事項を記載し、これを保存しなければならない（18条１項）（R0331肢３）。

　記載事項が、電子計算機に備えられたファイル・磁気ディスク等に記録され、必要に応じて紙面に表示されるときは、その記録をもって帳簿への記載に代えることができる。

　帳簿については、各事業年度の末日をもって閉鎖し、閉鎖後５年間保存しなけれ

ばならない。

帳簿の記載事項は次のとおりである。

> 一　委託者の商号、名称または氏名
> 二　管理受託契約を締結した年月日
> 三　契約の対象となる賃貸住宅
> ※　委託の対象となる部分および維持保全の対象となる付属設備
> 四　受託した管理業務の内容
> ※　賃貸住宅管理業法上の管理業務（2条2項）に限らず、管理受託契約において規定する委託業務の内容である
> 五　報酬の額
> ※　賃貸人から管理業務に要する費用（賃貸住宅管理業者が一時的に支払い、後にその費用の支払いを賃貸人から受けるもの）の額を含む
> 六　特約その他参考となる事項
> ※　国土交通省が定める標準管理受託契約書に定めのない事項など

帳簿の備付け等の義務に違反した場合は、行政による監督がなされる（業務改善命令、業務停止（1年以内）、登録取消し（登録取消し、業務停止命令は、公告がなされる））。

帳簿の備付け等の義務違反に関しては、罰則（30万円以下の罰金）の定めがある。

【帳簿を備え付け、保存する義務】

(1) **帳簿を備え付ける義務**	営業所または事務所ごとに、**帳簿**^{（※）}を備え付けなければならない
(2) **帳簿を保存する義務**	帳簿は各事業年度の末日をもって閉鎖し、**閉鎖後5年間保存**しなければならない

（※）記載事項が、電子計算機に備えられたファイル・磁気ディスク等に記録され、必要に応じて紙面に表示されるときは、その記録をもって帳簿への記載に代えることができる

第7節　標識の掲示

賃貸住宅管理業者は、営業所または事務所ごとに、公衆の見やすい場所に、標識を掲げなければならない（19条）。標識の様式は、定められている。

インターネットのホームページに標識を掲示しても、標識を掲示する義務を果たしたことにはならない（R0332肢4）。

標識の掲示の義務に違反した場合は、行政による監督がなされる（業務改善命令、業務停止（１年以内）、登録取消し（登録取消し、業務停止命令は、公告がなされる））。

標識の掲示義務違反に関しては、罰則（30万円以下の罰金）の定めがある。

第8節 │ 委託者への定期報告

1．概説

賃貸住宅管理業者は、管理業務の実施状況その他所定の事項について、定期的に、委託者に報告しなければならない（20条）。

定期報告は、管理受託契約を締結した日から、１年を超えない期間ごとに、定期的に行わなければならない。加えて、管理受託契約の期間の満了後にも、遅滞なく報告をしなければならない。

法施行前に締結された管理受託契約については、定期報告義務の規定は適用されない（附則３条）。ただし、法施行前に締結された管理受託契約でも、法施行後に管理受託契約が更新された場合には、形式的な変更であっても、更新後には賃貸人に対して定期報告を行うべきである（「解釈・運用の考え方」第20条関係１）（R0508肢１）。

また、法施行前に締結された管理受託契約について、法施行後に形式的な変更とは認められない変更を行った場合は、法施行後に締結された契約と同様に定期報告を行う必要がある（「賃貸住宅管理業法制度概要ハンドブック」39頁）（R0508肢２）。

2．報告事項

次の３項目である。

❶ 報告の対象期間
❷ 管理業務の実施状況
❸ 賃貸住宅の入居者からの苦情の発生状況・対応状況

法定の報告事項には、家賃等金銭の収受状況は含まれていない（R0508肢３）。

3．報告の方法

管理業務報告書を作成し、これを委託者に交付して報告することを要する。

管理業務報告書の交付に代えて、記載事項を電磁的方法により提供することができる（規則40条４項）。電磁的方法による報告のためには、賃貸人の承諾を得なければならない。承諾を得て電磁的方法による報告をすれば、管理業務報告書を交付したものとみなされる。

電磁的方法を利用するには、賃貸人と説明方法について協議の上、双方向でやりとりできる環境を整え、賃貸人が管理業務報告書の内容を理解したことを確認することが必要である（「解釈・運用の考え方」第20条関係4　管理業務報告書の説明方法について）（R0508肢4）

電磁的方法には、次の4種類の方法がある

> ❶　電子メール等による方法（R0406肢ア）
> ❷　ウェブサイトの閲覧等による方法（R0406肢ウ）
> ❸　送信者側で備えた受信者ファイルを閲覧する方法
> ❹　磁気ディスク等を交付する方法（R0406肢イ）

いずれの方法においても、委託者が委託者ファイルへの記録を出力することにより書面を作成できるものであることが必要である。

委託者の承諾については、用いる方法（電子メール、WEBでのダウンロード、CD-ROM等）・ファイルへの記録方法（使用ソフトウェアの形式やバージョン等）を示した上で、電子メール、WEBによる方法、CD-ROM等相手方が承諾したことが記録に残る方法で、承諾を得ることを要する。

承諾を得た場合であっても、委託者から電磁的方法による提供を受けない旨の申出があったときは、電磁的方法による提供をしてはならない。

委託者に管理業務報告書の内容を電話で伝える方法は、報告方法として認められない（R0406肢エ）。

4．監督・罰則

定期報告義務に違反した場合は、行政による監督がなされる（業務改善命令、業務停止（1年以内）、登録取消し（登録取消し、業務停止命令は、公告がなされる））。

定期報告義務違反には、罰則の定めはない。

【定期報告の義務】

(1)　定期報告の時期・頻度	●管理受託契約を**締結した日から、1年を超えない期間ご**とに、定期的に行う ※管理受託契約の期間の満了後にも、遅滞なく報告をしなければならない
(2)　定期報告の報告内容	●報告の対象期間 ●管理業務の実施状況 ●賃貸住宅の入居者からの苦情の発生状況・対応状況

(3)	定期報告の方法	●管理業務報告書を作成し、これを委託者に交付して報告する ●電磁的方法の利用も可能とされている	
(4)	監督・罰則	❶行政による監督	業務改善命令、業務停止（1年以内）、登録取消し（業務停止、登録取消しは、公告）
		❷罰則	定期報告の義務には、罰則は設けられていない

第9節 | 秘密を守る義務

　賃貸住宅管理業者は、正当な理由がある場合でなければ、その業務上取り扱ったことについて知り得た秘密を他に漏らしてはならない（21条1項）。業を営まなくなった後も同様である（R0408肢ア）。

　また、賃貸住宅管理業者の代理人、使用人その他の従業者は、正当な理由がある場合でなければ、賃貸住宅管理業の業務を補助したことについて知り得た秘密を他に漏らしてはならない（21条2項）。代理人、使用人その他の従業者でなくなった後も同様である。アルバイトであっても秘密を守る義務はある（R0408肢イ）。

　再委託契約に基づき管理業務の一部の再委託を受ける者等、賃貸住宅管理業者と直接の雇用関係にない者も秘密を守る義務がある（「解釈・運用の考え方」第21条関係）（R0527肢エ、R0408肢ウ）。

　定期報告義務に違反した場合は、行政による監督がなされる（業務改善命令、業務停止（1年以内）、登録取消し（登録取消し、業務停止命令は、公告がなされる））。

　秘密を守る義務違反には罰則（30万円以下の罰金）が定められている。従業者が秘密を漏らしたときは、両罰規定によって、会社と従業員の両方に罰金が科される（R0408肢エ）。

> ▶1. 国土交通大臣は、業務の運営の改善に必要な措置をとるべきこと、および業務停止命令・登録の取消しを命ずることができる
> ▶2. 名義貸しの禁止に違反した場合には、1年以下の懲役もしくは100万円以下の罰金、またはこれらが併科される
> ▶3. 業務管理者の不選任、違法な契約締結、従業者証明書の携帯違反、帳簿の備付け違反、標識の掲示違反、秘密を守る義務違反等には、30万円以下の罰金が科される
> ▶4. 業務停止命令、業務停止命令に違反した場合、6月以下の懲役もしくは50万円以下の罰金、またはこれが併科される
> ▶5. 重要事項説明義務違反、再委託の禁止違反、分別管理義務違反、定期報告義務違反には、罰則は定められていない

1. 報告・立入・質問

国土交通大臣は、賃貸住宅管理業者に対し、業務に関し報告を求め、または、職員に賃貸住宅管理業者の営業所、事務所その他の施設に立ち入り、業務の状況もしくは設備、帳簿書類その他の物件を検査させ、もしくは関係者に質問させることができる職員は、その身分を示す証明書を携帯し、関係者に提示しなければならない。

2. 監督

賃貸住宅管理業者に対する監督としては、(1)業務改善命令、および(2)業務停止命令・登録の取消しがある。業務改善命令・業務停止命令は、過去5年内に行われた違反行為が対象である（賃貸住宅管理業法22条、賃貸住宅管理業者監督処分基準）（R0530肢ア）。

(1) 業務改善命令

国土交通大臣は、必要があるときは、必要の限度において、賃貸住宅管理業者に対し、業務の運営の改善に必要な措置をとるべきことを命ずることができる。

(2) 業務停止命令・登録の取消し

次のいずれかの場合、業務停止命令（1年以内）か、登録取消しがなされる。

❶ 欠格事由に該当したとき

❷ 不正の手段による登録

❸ 法令違反、業務改善命令違反

　業務停止命令で、停止を命じることができるのは新たな契約締結である。契約締結済みの管理受託契約の履行について業務停止を命じることはできない。

【賃貸住宅管理業者の義務違反に対する罰則】

❶名義貸しの禁止（11条） （R0528肢２）	１年以下の懲役もしくは100万円以下の罰金、またはこれらを併科
❷業務管理者の選任（12条） ❸契約書面（14条）	30万円以下の罰金 　※業務管理者の不選任、違法な契約締結、契約書面の不交付、虚偽の記載
❹証明書の携帯等（17条） ❺帳簿の備付け等（18条） ❻標識の掲示（19条） ❼秘密を守る義務（21条） （R0408肢エ） ❽業務改善命令（22条） ❾検査関係（26条）	30万円以下の罰金
❿業務停止（23条）	業務停止命令の規定による命令に違反した場合、６月以下の懲役もしくは50万円以下の罰金、またはこれを併科

| ⓫業務処理の原則（10条）
⓬重要事項説明（13条）
⓭再委託の禁止（15条）
⓮分別管理（16条）
⓯定期報告（20条） | 罰則の定めなし |

第9章 特定転貸事業者

▶ 1. 特定賃貸借契約とは、賃借人が賃貸住宅を第三者に転貸する事業を営むことを目的として締結される賃貸借契約をいう
▶ 2. 賃貸人と賃借人に定められた特殊な関係がある場合は、特定賃貸借契約から除外される
▶ 3. 特定転貸事業者とは、特定賃貸借契約に基づいて賃借した賃貸住宅を第三者に転貸する事業を営む者をいう

第1節 │ 特定賃貸借契約の定義

1. 特定賃貸借契約の意味

　特定賃貸借契約は、賃借人が賃貸住宅を第三者に転貸する事業を営むことを目的として締結される賃貸借契約である。サブリース事業におけるマスターリース契約（原賃貸借契約）が特定賃貸借契約となる。事業を営むとは、営利の意思を持って反復継続的に行うことをいう。個人が一時的に転貸する場合（たとえば、海外留学期間中、第三者に転貸すること）は、事業ではないから、特定賃貸借契約にあたらない（R0435肢2）。

　転借人から受領する賃料と賃貸人に支払う賃料が同額（転貸人として受領する賃料を、そのまま賃借人として支払う賃料とするパススルー型のマスターリース）であっても、第三者に転貸する事業を営むことを目的として賃貸借契約が締結されていれば、特定賃貸借契約になる（R0435肢3）。

2. 特定賃貸借契約から除外されるもの

　賃貸人と賃借人の間に、❶〜❼の関係がある賃貸借は、特定賃貸借契約から除外される（規則2条1号〜7号）。

●賃貸人と賃借人に特殊な関係がある場合（❶～❼）は、特定賃貸借契約から除外される（規則2条1号～7号）

賃貸人	賃借人
❶個人	❶－1　賃貸人の親族 　　　　　（6親等内の血族、配偶者および3親等内の姻族） ❶－2　賃貸人またはその親族が役員である法人
❷会社	❷－1　賃貸人の親会社 ❷－2　賃貸人の子会社 ❷－3　賃貸人の関連会社 ❷－4　賃貸人が他の会社等の関連会社である場合のその会社等 ❷－5　賃貸人の親会社の子会社が賃借人の場合
❸登録投資法人	資産運用会社の関係会社(※1)(※2)
❹特定目的会社 　（TMK）	委託を受けて特定資産の管理処分業務を行う者の関係会社(※3)
❺組合(※4)	賃借人が、組合（組合員が不動産特定共同事業契約を締結している場合）の業務執行者・業務執行者の関係会社
❻特例事業者	不動産特定共同事業者の関係会社等(※5)
❼信託の受託者	信託の委託者または受益者の関係会社など(※6)

●❷では賃貸人の関係会社が賃借人の場合が特定賃貸借契約から除外されるが、❸から❼までにおいては、賃貸人の関係会社が賃借人のときが除外対象となるのではなく、上に記載したものについて、その関係会社が賃借人のときに特定賃貸借契約から除外される。

●また、❼に関し、賃貸人が信託受託者、賃借人が信託受益権者であり、賃借人が第三者に転貸するスキーム（たとえば、GK-TKスキーム）が用いられる場合については、受託者は実質的には委託者または受益者と同視できるけれども、賃借人が「委託者または受益者」自身であることは、除外事由としての賃借人が信託の委託者／受益者の関係会社である場合にはあたらないから、この場合の賃借人は、特定転貸事業者（サブリース業者）になるとされている（「FAQ集」1. 定義関連(4)サブリース（特定転貸事業者（サブリース業者））No. 5）。

（＊1）投資法人の関係会社ではなく、登録投資法人の資産運用会社の関係会社
（＊2）例えば、登録投資法人が賃貸人である場合には、登録投資法人の資産運用会社の関

係会社を賃借人とする賃貸借契約は、特定賃貸借契約に該当しない（「解釈・運用の考え方」第2条第4項関係2(3)、規則第2条第3号～第7号関係）。

（＊3）特定目的会社の関係会社ではなく、特定目的会社から特定資産の管理および処分に係る業務の委託を受けた者の関係会社

（＊4）組合とは、その構成員の間で不動産特定共同事業法2条3項一号の不動産特定共同事業契約が締結されている民法上の組合である。

（＊5）特例事業者から委託を受けて不動産取引に係る業務を行う不動産特定共同事業者または小規模不動産特定共同事業者の関係会社

（＊6）登録投資法人が信託受益権を保有し、信託受益権の受託者である信託銀行が賃貸人である場合の、登録法人の資産運用会社の関係会社を賃借人とする賃貸借契約は、特定賃貸借契約に該当しない（「解釈・運用の考え方」第2条第4項関係2(3)、規則第2条第3号～第7号関係）。

第2節 ｜ 特定転貸事業者の定義

　特定転貸事業者は、特定賃貸借契約に基づいて賃借した賃貸住宅を第三者（入居者）に転貸する事業を営む者である。事業を営むとは、営利の意思を持って反復継続的に転貸することをいう。サブリース事業におけるサブリース業者が、特定転貸事業者にあたる。

　再転貸を行うことを目的とする転借人との間で締結された転貸借契約も、特定賃貸借契約になる（R0435肢1）。

　企業が社宅を借り受け、社員に使用させる場合、社宅は一般に社内規定等に基づ

【特定転貸借契約と特定転貸事業者】

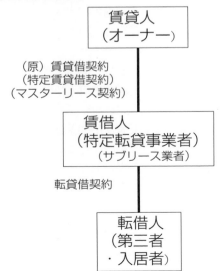

き従業員等に利用させているから事業ではない。賃貸人と会社の間の賃貸借契約
は、特定賃貸借契約にあたらない（R0435肢4）。他方で、社宅代行業者が、賃貸
住宅をオーナーから借り上げ、企業に転貸する場合、社宅代行業者は特定転貸事業
者にあたる（「解釈・運用の考え方」第2条第5項関係(2)）。

第10章 勧誘者

POINT
▶ 1. 賃貸住宅管理業法は、特定転貸事業者だけではなく、特定転貸借契約を勧誘する勧誘者に対しても、法律の遵守を求めている
▶ 2. 勧誘者には、誇大広告等の禁止、および不当な勧誘等の禁止について、義務が課される
▶ 3. 勧誘者についても、違反行為には、監督がなされ、罰則が科される

1．勧誘者の定義

　勧誘者とは、特定転貸事業者（サブリース業者）が、特定賃貸借契約（マスターリース契約）の勧誘を行わせる者である。委託の形式を問わず、明示で委託をしていなくてもよい（R0533肢3）。委託料が支払われている必要もない（「解釈・運用の考え方」）（R0340肢ア）。

　自発的に勧誘を行う者も含まれる。特定賃貸事業者と勧誘を行う者との間に資本関係がなくてもよい（R0340肢ウ）。建設会社、不動産業者、金融機関等の法人やファイナンシャルプランナー、コンサルタント等が勧誘者になる。

　勧誘行為が第三者に再委託される場合には、再委託を受けた第三者も勧誘者にあたる（「解釈・運用の考え方」第28条関係1）（R0533肢2、R0340肢イ）。

2．勧誘行為

　勧誘とは、特定賃貸借契約を締結するよう勧めることである。不特定多数の者に向けられたものでもあっても、契約内容や条件等を説明していれば、勧誘になる（R0533肢4）。他方、相手方の意思形成に影響を与える場合に勧誘になるのであって、意思決定に影響を与えない場合には勧誘にならない。勧誘にあたるかどうかは、個別事案ごとに、客観的に判断される（「解釈・運用の考え方」第28条関係1、ガイドライン3(2)）。

　勧誘にあたる行為は、次のような行為である。

●契約内容や条件情報提供し、または説明すること
●契約のメリットを強調して締結の意欲を高めること
●資産運用の企画提案

　※　マスターリースを前提とした建物建設、土地購入、ワンルームマンションやアパート購入を勧めることも勧誘にあたる（ガイドライン5(8)）（R0535肢4）。

他方、次の行為は勧誘にはあたらない。

●一般的なサブリースの仕組みを説明すること（R0533肢1）
●契約の内容や条件等に触れず、単に業者を紹介する行為（R0533肢1）

3．勧誘者に科される義務

　勧誘者には、誇大広告等の禁止、および不当な勧誘等の禁止について、義務が課される（賃貸住宅管理業法28条・29条）（R0530肢イ、R0340肢エ）。

　重要事項説明、契約締結時書面交付、業務状況調書等の備え置きについては、勧誘者には義務は課されない。

4．監督・罰則

　勧誘者が、誇大広告等の禁止、または不当な勧誘等の禁止に違反した場合には、行政による監督（指示、業務停止（1年以内））がなされる。これらは公表される。勧誘者の違反行為について、特定賃貸事業者が行政による監督を受けることもある。

　また、罰則（罰金）が科される。懲役の定めはない。勧誘者の違反行為について特定賃貸事業者に罰則（罰金）を科すことはない。

第11章 誇大広告等の禁止

▶1．誇大広告等とは、虚偽広告、および誇大広告である
▶2．虚偽広告とは、著しく事実と相違する広告をいう
▶3．誇大広告とは、実際よりも著しく優良である、もしくは有利である
　と見せかけて相手を誤認させる広告をいう
▶4．特定転貸事業者と勧誘者の両方に対して、誇大広告等が禁止される

1．誇大広告等の禁止

　特定転貸事業者（サブリース業者）および勧誘者は、特定賃貸借契約（マスターリース契約）の条件について広告をするときは、著しく事実に相違する表示をし、または実際のものよりも著しく優良であり、もしくは有利であると人を誤認させるような表示をしてはならない（28条）。禁止の対象は特定転貸事業者（サブリース業者）および勧誘者の両方である（R0530肢イ）。

　誇大広告等の禁止の対象事項は、❶賃貸条件（家賃の額・支払期日・支払方法など）、その変更、利回り、❷賃貸住宅の維持保全の実施方法、維持保全に要する費用の分担、❸契約の解除に関する事項である。

　広告媒体の種類は問わない。新聞の折込チラシ、配布用のチラシ、新聞、雑誌、テレビ、ラジオまたはインターネットのホームページ等のいずれも規制される。

　禁止の対象は特定転貸事業者（サブリース業者）および勧誘者の両方である。

2．誇大広告等の意味

　誇大広告等とは、(1)虚偽広告、および(2)誇大広告をいう。

(1)　虚偽広告とは、著しく事実と相違する広告である。著しい相違かどうかは、広告の表示内容と事実との相違を知っていれば、通常契約に誘引されないと判断される程度かどうかによる（R0534肢1、R0436肢1）。

(2)　誇大広告とは、実際よりも著しく優良である、もしくは有利であると見せかけて相手を誤認させる広告であり、著しく優良・有利と誤認させるかどうかは、専門的知識のない者を誤認させる程度かどうかによる。ひとつひとつの文言のみでなく、全体から受ける印象・認識によって判断される。

3．打消し表示・体験談

　長所・有利な点を強調する広告では、短所・不利な点（打ち消し表示）も表示しなければならない。適法な打消し表示か（違法な広告にならないか）の判断は、次

の要因による。

❶　打消しの文字の大きさと位置。強調表示と離れている、強調表示との対応が認識できない、背景との区別がつきにくいなどの広告は違法となる。
❷　動画広告の場合、表示される時間。気づかれない、短くて読み終えないなどの動画広告は違法となる。文字と音声で表示された強調表示に注意が向けられ、文字のみで表示された打消し表示に注意が向かないような表示も違法である。

　体験談を用いる場合には、大多数の人がマスターリース契約を締結することで同じようなメリットを得ることができるという認識を抱かせるものは、「個人の感想です。経営実績を保証するものではありません」などの表示（打消し表示）をしていても、違法である（R0436肢2）。

【打消し表示】

(1) **打消し表示の定義**	●長所・有利な点を強調する広告では、短所・不利な点も表示しなければならない
(2) **適法な打消し表示か（違法な広告にならないか）**	❶打消しの文字の大きさと位置 ※例：強調表示と離れている、強調表示との対応が認識できない、背景との区別がつきにくいなど　➡違法 ❷動画広告の場合、表示される時間 ※例：気づかれない、短くて読み終えない　➡違法 ※例：文字と音声で表示された強調表示に注意が向けられ、文字のみで表示された打消し表示に注意が向かないような表示　➡違法
(3) **体験談**	●体験談とは異なる賃貸住宅経営の実績となっている事例が一定数存在する場合等には、打消し表示をしていても、違法となるおそれがある ※例：「個人の感想です。経営実績を保証するものではありません」

4．具体例

(1)　「家賃保証」「空室保証」の表示、収支シミュレーションについては、仮定であることなどの表示が必要である。これらが一体として認識できなければならない。

(2)　根拠のない算出基準で算出した家賃をもとに、「周辺相場よりも当社は高く借り上げます」と表示することが誇大広告等となる（賃貸住宅管理業法施行規則43条１号、サブリースガイドライン）（R0339肢ア）。

(3)　利回りについては、表面利回り（諸費用を考慮しない場合）か、実質利回りかを明確にすることが必要である。

(4)　家賃を保証しないのに「利回り○％」と記載する広告は違法である。減額請求が可能であるにもかかわらず、その旨を表示せず、「○年家賃保証」という表示をして、一定期間家賃収入が保証されているかのように誤解されるような表示をしている場合には、誇大広告等にあたる（賃貸住宅管理業法施行規則43条１号、ガイドライン４(7)）（R0534肢２、R0339肢エ）。

　　「家賃保証」という表示をする場合には、隣接する箇所に、賃料は、賃料減額請求により減額される可能性があることの表示を行わなければならない（管理業法28条、管理業法施行規則３条、ガイドライン４(3)①）（R0436肢２）。

(5)　解約に関して、特定賃貸借契約の契約期間中でも、業者から解約することが可能であるにも関わらずその旨を記載せずに、「30年一括借り上げ」と表示をすることは違法である（ガイドライン４(3)④、(7)）（R0534肢３、R0436肢３）。

　　※　実際には、契約を解除する場合は、月額家賃の数か月を支払う必要があるにもかかわらずその旨を記載せずに、「いつでも借り上げ契約は解除できます」と表示することは誇大広告等になる（賃貸住宅管理業法施行規則43条４号）（R0339肢ウ）。

(6)　賃貸住宅の維持保全に要する費用については、実際のものよりも著しく低額であるかのように誤解させないこと。オーナーから毎月一定の費用を徴収しているのに「原状回復費負担なし」と表示することは違法である。

　　※　実際には、大規模修繕など一部の修繕費はオーナーが負担するにも関わらず、「修繕費負担なし」といった表示をすることは誇大広告等となる（賃貸住宅管理業法施行規則43条３号）（R0339肢イ）。

(7)　実際は休日や深夜は受付業務のみ、または全く対応されないにもかかわらず、「入居者のトラブルも24時間対応」と表示をすることは、禁止される誇大広告等にあたる（ガイドライン４(7)）（R0534肢４）。

【広告表示の留意点】

(1)　「家賃保証」「空室保証」の表示、収支シミュレーション	●仮定であることなどの表示を要する。一体として認識できること
(2)　利回り	●表面利回り（諸費用を考慮しない場合）か、実質利回りかを明確にすること ※例：保証しないのに「利回り○%」と記載するのは、違法 ●確実に利益を得られると誤解させないことが必要
(3)　賃貸住宅の維持保全に要する費用	●実際のものよりも著しく低額であるかのように誤解させないこと。 ※例：オーナーから毎月一定の費用を徴収しているのに「原状回復費負担なし」、「修繕費負担なし」と表示することは違法

5．監督・罰則

　特定転貸事業者または勧誘者が、誇大広告等の禁止に違反した場合には、行政による監督（指示、業務停止（1年以内））がなされる。これらは公表される。勧誘者の違反行為について、特定賃貸事業者が行政による監督を受けることもある。

　また、罰則（罰金）が科される。懲役の定めはない。勧誘者の違反行為について特定賃貸事業者に罰則（30万円以下の罰金）が科されることはない。

第12章 不当な勧誘等の禁止

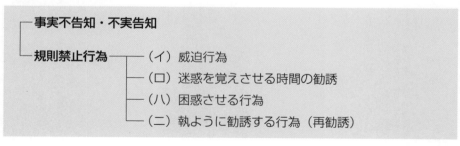

POINT

▶ 1. 賃貸住宅管理業法では、サブリース業者と勧誘者について、❶事実不告知・不実告知、❷規則禁止行為（その他規則が定める行為）が禁じられる

▶ 2. 事実不告知・不実告知については、契約の勧誘をするため、または解除を妨げるために故意によって行うことが禁止される

▶ 3. 規則禁止行為には、（イ）威迫行為、（ロ）迷惑を覚えさせる時間の勧誘、（ハ）困惑させる行為、（ニ）執ように勧誘する行為（再勧誘）の4種類がある

▶ 4. 特定転貸事業者と勧誘者の両方に対して、不当な勧誘等が禁止される

1. 不当な勧誘等の禁止

　サブリース業者と勧誘者について、❶事実不告知・不実告知、❷規則禁止行為（その他規則が定める行為）を違法行為が禁じられる（あわせて、不当な勧誘等の禁止）。禁止の対象は特定転貸事業者（サブリース業者）および勧誘者の両方である（R0530肢イ）。

【不当な勧誘に当たる例】

```
┌ 事実不告知・不実告知
│
└ 規則禁止行為 ──┬── （イ）威迫行為
                ├── （ロ）迷惑を覚えさせる時間の勧誘
                ├── （ハ）困惑させる行為
                └── （ニ）執ように勧誘する行為（再勧誘）
```

2. 事実不告知・不実告知

(1) 禁止される行為は、事実を告知しないこと（事実の不告知）、および真実ではない事実の告知である。

　※　告知対象は、相手方の判断に影響を及ぼす重要なものでなければならない。賃貸の条件やその変更に関する事項、サブリース業者が行う賃貸住宅の維持保

全の内容および実施方法、契約期間に発生する維持保全、長期修繕等の費用負担に関する事項、契約の更新または解除に関する事項等が、これに該当する。

(2) 行為が、契約の勧誘をするため、または解除を妨げるために行われたことを要する。

※　契約勧誘の行為は契約締結前に行われ、解除を妨げようとする行為は契約締結後に行われるものである。

(3) 行為は、故意に行われることを要する。

※　不実告知は、事実でないことを認識していながら、故意によって事実に反することを告げることである。過失による行為（事実不告知・不実告知）は、禁止行為にはあたらない。ただし、特定転貸事業者であれば当然に知っていると思われる事項を告げない場合には、故意が推認される（「解釈・運用の考え方」第29条関係4、FAQ集4(3) No.1）（R0535肢2）。

※　真実ではない事実の告知は、事実でないことを知りながら告知をするものである。

(4) 事実の不告知・不実告知があれば、不当な勧誘等になる。

※　実際に特定賃貸借契約が締結されなくても、また実際に特定賃貸借契約の相手方が契約解除を妨げられなくても、不当な勧誘等にあたる（「解釈・運用の考え方」第29条関係1・2、ガイドライン5(2)）（R0535肢3）。

【事実不告知・不実告知】

(1)　時期	契約締結前（契約の勧誘時）と、契約締結後（解除を妨げようとするとき）の両方
(2)　告知の対象事項	相手方の判断に影響を及ぼす重要なもの ※例：賃貸の条件やその変更に関する事項、サブリース業者が行う賃貸住宅の維持保全の内容および実施方法、契約期間に発生する維持保全、長期修繕等の費用負担に関する事項、契約の更新または解除に関する事項等
(3)　故意に行われることを要する	過失による行為（事実不告知・不実告知）は、禁止行為にはあたらない
(4)　事実の不告知・不実告知があれば、不当な勧誘等になる	実際に特定賃貸借契約が締結されなくても、また、実際に特定賃貸借契約の相手方が契約解除を妨げられなくても、不当な勧誘等にあたる

(5) **監督・罰則**	❶行政による監督	指示、業務停止（1年以内） ※公表される
	❷罰則	事実不告知・不実告知は、6月以下の懲役もしくは50万円以下の罰金、またはこれを併科 ※規則による禁止行為は、行政による監督の対象だが、罰則は科されない

3．規則禁止行為

規則禁止行為には、（イ）～（ニ）の4種類がある。

（イ）　威迫行為

　　　威迫行為は、不安の念を抱かせる行為である。恐怖心を生じさせることまでは要しない。恐怖心を生じさせることは脅迫であり、威迫は脅迫にまで至らない行為を指す。

　※　契約を締結・更新させる、または申込みの撤回や解除を妨げるためになされることを要する。「なぜ会わないのか」、「契約しないと帰さない」などと声を荒げ、面会を強要するなどが威迫になる（賃貸住宅管理業法29条2号、規則44条1号、ガイドライン5(7)①）（R0535肢1）。

（ロ）　迷惑を覚えさせる時間の勧誘（電話・訪問）

　　　迷惑を覚えさせる時間かどうかは、相手方等の職業や生活習慣等に応じ個別に判断される。一般には、午後9時から午前8時までが、迷惑を覚えさせる時間となる。禁止される行為は、電話勧誘と訪問勧誘である。

　※　顧客の承諾があれば勧誘をすることが認められる。顧客が業者の事務所に来訪してきた場合の勧誘は、迷惑を覚えさせる時間の勧誘禁止の対象には入らない。

（ハ）　困惑させる行為

　　　困惑させるとは、私生活・業務の平穏を害することを指す。困惑させるかどうかは、個別事案ごとに判断される。一般には、深夜勧誘、長時間の勧誘、相手方等が勤務時間中であることを知りながら行う執ような勧誘、面会を強要することなどが困惑させる行為になる。

（ニ）　執ように勧誘する行為（再勧誘）

執ように勧誘するとは、顧客が、契約・更新をしない旨の意思を表示した後の勧誘（再勧誘）をいう。顧客が、明示的に「お断りします」、「必要ありません」、「結構です」、「関心ありません」、「更新しません」、「迷惑です」などの意思を表明したことを要する。勧誘自体を断った後の行為も再勧誘になる。

※ 再勧誘については、勧誘の方法や場所を問わない（電話、自宅、事務所その他）。

4．監督・罰則

特定転貸事業者または勧誘者が、不当な勧誘等の禁止に違反した場合には、違反行為に対して、行政による監督（指示、業務停止（1年以内））がなされる。行政による監督は公表される。勧誘者の違反行為について、特定賃貸事業者が行政による監督を受けることもある。

事実不告知・不実告知の違反については、6月以下の懲役もしくは50万円以下の罰金、またはこれらが併科される。規則禁止行為は、行政による監督の対象だが、罰則は科されない。

▶1．特定転貸事業者は、契約内容および履行に関する重要事項につき、特定賃貸借契約の相手方となろうとする者に書面を交付して所定の事項を説明しなければならない
▶2．説明事項については、詳細に定められている
▶3．賃貸人が特定転貸事業者や賃貸住宅管理業者などである場合には、説明は不要である

1．特定賃貸借契約の重要事項説明

　特定転貸事業者（サブリース業者）は、契約内容および履行に関する重要事項につき、特定賃貸借契約（マスターリース契約）の相手方となろうとする者に書面を交付して所定の事項を説明しなければならない。義務を負うのは特定転貸事業者である。勧誘者には説明義務はない。

　説明を行う者の資格（賃貸不動産経営管理士資格など）についての法律上の制約はない。従業員が行えばよい。ただし、第三者に委託することはできない（R0439肢1、R0338肢3）。

　従前、賃貸住宅管理業務の委託を受けている物件が対象となる場合でも、新たに特定賃貸借契約を締結するのであれば、説明を行わなければならない（R0536肢1）。

2．説明の時期

　説明は、契約締結前に行わなければならない。説明から契約締結までに1週間程度の期間をおくことが望ましいとされているが（「解釈・運用の考え方」第30条関係1）（R0338肢1）、法律上は契約前に行うのであれば、説明と契約の間に置くべき期間についての制限はない（R0439肢2）。

　変更契約を締結するにも契約締結前の説明が必要である。変更契約においては変更があった事項を説明すれば足りる。組織運営に変更のない商号または名称等の変更等、形式的な変更である場合は、説明は行わなくてよい（「解釈・運用の考え方」第30条関係1）（R0439肢4）。

　法施行前に締結された特定賃貸借契約について、法施行後に特定賃貸借契約の変更契約が締結された場合も重要事項説明を行う必要がある。法施行前に締結された特定賃貸借契約で、法施行後に賃貸人に対して特定賃貸借契約重要事項説明を行っていないときには、すべての説明事項に掲げる事項について、説明を行うことを要

する。

　特定賃貸借契約期間中にオーナーチェンジや相続等によって賃貸人が変更になった場合には、従前と同一の内容で特定賃貸借契約が承継されるが、新たな賃貸人（相続人）に契約内容が分かる書類を交付することが望ましい（FAQ4．事業関連（サブリース）(4)特定賃貸借契約（マスターリース契約）に係る重要事項説明等18）（R0536肢2、肢4）。

　法施行後に期間が満了し、契約の内容に変更がなく、契約の同一性を保ったままで契約期間のみを延長する場合は、説明は行わなくてよい。ただし、法施行前に締結され説明を行っていない場合はすべての事項の説明が必要である（「解釈・運用の考え方」第30条関係1）（R0536肢3）。

3．説明の方法

(1)　書面の交付

　　説明は、書面（重要事項説明書）を交付して行う必要がある。

(2)　電磁的方法による情報提供

　　書面の交付に代え、電磁的方法による情報提供が認められる。ただし、相手方の承認（記録が残る方法）を得る必要がある。電磁的方法による情報提供については、第2編第5章　管理受託契約の重要事項説明　3．説明の方法(2)を参照。

(3)　テレビ会議等による説明

　　重要事項説明は、テレビ会議等による説明が可能である。テレビ会議等による説明については、図表および第2編第5章　管理受託契約の重要事項説明　3．説明の方法(3)を参照。

【説明の方法】

(1)　書面（重要事項説明書）を交付して行う	● 書面の交付に代え、電磁的方法による情報提供が認められる
	● 電磁的方法による情報提供には4種類の方法がある
	❶ 電子メール等による方法
	❷ ウェブサイトの閲覧等による方法
	❸ 送信者側で備えた受信者ファイルを閲覧する方法
	❹ 磁気ディスク等を交付する方法

	※相手方（賃貸人）の承諾が必要。承諾があれば、書面交付とみなされる ※相手方の承諾は、記録が残る方法によること ※相手方は、撤回可 ※電磁的方法による提供は、出力して書面を作成できるものであること、改変が行われていないか確認できることが必要（例：電子署名等の活用）
(2) テレビ会議等による説明	●重要事項説明は、以下の❶～❸の条件を満たす場合には、テレビ会議により実施することができる ❶映像を視認でき、音声を聞き取り、双方向でやりとりできる環境 ❷重要事項説明書等の事前の送付 　※相手方が承諾した場合を除く ❸重要事項説明書等を確認しながら説明を受けることができる状態、映像および音声の状況についての説明開始前の確認

(4) **電話による説明**

　　変更契約のための重要事項説明は、電話による説明が可能である。電話による説明については、第2編第5章　管理受託契約の重要事項説明　3．説明の方法(4)を参照。

4．説明事項

特定転貸事業者が説明すべき事項は、次のとおりである。

一　特定転貸業者の商号、名称・氏名、住所
二　対象となる賃貸住宅
　※　賃貸住宅の面積（R0337肢1）、建物設備（ガス、上水道、下水道、エレベーター等）等（R0537肢1）の説明が必要である。
三　家賃等（家賃、敷金、共益費）の額、支払期日・支払方法等の賃貸条件、変更
　※　家賃の設定根拠（近傍同種の家賃相場を示すなどによる）（R0337肢2）、契約期間中も家賃が変更になる可能性があること（R0440肢1）、家

賃改定日以外にも減額請求がありうることの説明が必要である。家賃の支
払いに免責期間があれば免責期間を、敷金があれば敷金の額（R0337肢
3）を、それぞれ説明しなければならない。

四　維持保全の実施方法

※　特定転貸業者が実施する維持保全の回数や頻度（R0337肢4）の説明が
必要である。修繕は指定業者が施工という条件を定める場合は、その旨を
説明しなければならない。

五　維持保全費用の分担

※　経年劣化の費用を負担すべき者について、具体的な分担を書面に記載す
ることを要する（R0538肢4）。費用負担者が設備により異なる場合は、
設備毎に具体的な内容を書面に記載することを要する（「解釈・運用の考
え方」第30条関係2(5)）（R0538肢1）。

※　修繕等の際に、特定転貸事業者が指定する業者が施工するという条件を
定める場合は、特定転貸事業者はその旨を説明しなければならない（賃貸
住宅管理業法30条1項、規則46条5号、「解釈・運用の考え方」第30条関
係2(5)（R0338肢4））。

六　維持保全の実施状況の報告

※　賃貸人に報告する内容やその頻度が説明事項となる（「解釈・運用の考
え方」第30条関係2(6)）（R0537肢3）。

七　損害賠償額の予定・違約金

※　引渡日に物件を引き渡さない場合の債務不履行の違約金を定める場合は
その内容を書面に記載することが必要である（「解釈・運用の考え方」第
30条関係2(7)）（R0538肢2）。

八　責任・免責

※　賃貸人に賠償責任保険等への加入の義務がある場合には賃貸人賠償責任
保険等への加入が説明事項となる（「解釈・運用の考え方」第30条関係2
(8)）。賃貸人に賠償責任保険等への加入の義務がない場合には賃貸人に賠
償責任保険への加入義務がないことは説明事項にはならない（R0537肢
2）。

九　契約期間

※　契約の始期、終期、期間、契約の類型（普通借家契約、定期借家契約）
を説明し、さらに契約期間は家賃が固定される期間ではないことも説明し
なければならない（「解釈・運用の考え方」第30条関係2(9)）（R0537肢
4）。

十　転借人の資格その他の転貸の条件

※　学生限定等の転貸の条件を定めるなら、その内容

十一　転借人（入居者）への維持保全の実施方法の周知

※　対面、書類の郵送、メール送付等のうち、どの方法によるのかを説明しなければならない。

※　入居者からの苦情や問い合わせへの対応の具体的な内容（設備故障・水漏れ等のトラブル、騒音等の居住者トラブル等）、対応する時間、連絡先が説明事項である。

十二　特定賃貸借契約の更新・解除

※　契約の更新の方法（両者の協議の上、更新することができる等）、契約の解除の場合の定めを設ける場合は、その内容の説明が必要である。債務不履行の場合には催告のうえ解除ができること、および解除の特約があれば、その内容を説明しなければならない。

※　更新拒絶に正当な事由が必要であること（管理業法施行規則46条12号、「解釈・運用の考え方」第30条関係2(12)）（R0440肢2）が説明事項である。

十三　特定賃貸借契約が終了した場合の、権利義務の承継に関する事項

※　マスターリース契約終了の場合に、賃貸人がサブリース業者の転貸人の地位を承継することとする定めがあれば、その旨、および賃貸人が転貸人の地位を承継した場合に、正当な事由なく入居者の契約更新を拒むことはできないこと、サブリース業者の敷金返還債務を承継することを説明しなければならない（管理業法施行規則46条13号、「解釈・運用の考え方」第30条関係2(13)）（R0440肢3）。

十四　借地借家法その他マスターリース契約に係る法令に関する事項の概要

※　家賃減額できないという特約が定められている場合には、特約は無効であることを説明しなければならない（「解釈・運用の考え方」第30条関係2(14)）。家賃減額できないという特約が定められていない場合には、家賃は減額できないとの特約を定めることにより家賃の減額請求はできないという説明は不要である（R0440肢4）。

5．書面の記載方法等

書面の記載方法等については、以下の注意事項がある。

❶　最初に、書面の内容を十分に読むべき旨を記載すること

※　太枠を設けて中に記載、その部分は太字波下線・12ポイント以上

※　その次に、借地借家法28条、32条の適用を含めたリスク事項

❷　本文の文字・数字

※　8ポイント以上とすること

❸　賃料の額の次に、減額される場合があることを記載すること

※　借地借家法32条に基づく減額請求も記載する。

❹　契約における正当事由の必要性を記載すること

※　契約期間の記載の次には、賃貸人からの解約、更新拒絶には正当事由が必要であること（借地借家法28条）を記載する。

6．説明不要となる場合

相手方（賃貸人）が以下の一～八の場合は、重要事項説明を行う必要がない。

一　特定転貸事業者

二　賃貸住宅管理業者（R0439肢3）

三　宅建業者

四　特定目的会社

五　組合（組合員が不動産特定共同事業契約を締結している場合）

六　賃貸住宅に係る信託の受託者

七　独立行政法人都市再生機構

八　地方住宅供給公社

7．監督・罰則

特定転貸事業者が、重要事項説明義務に違反した場合には、行政による監督（指示、業務停止（1年以内））がなされる。これらは公表される。

また、書面不交付、虚偽記載などについては、罰則（50万円以下の罰金）が科される。

▶ 1. 特定転貸事業者は、特定賃貸借契約を締結したときは、マスター
　　リース契約の賃貸人に対し、遅滞なく、必要事項を記載した書面を交付
　　しなければならない

▶ 2. マスターリース契約書を締結時書面としてよい。ただし、所定の事
　　項が記載されていることを要する

▶ 3. 説明事項については、詳細に定められている

1. 概説

　特定転貸事業者（サブリース業者）は、特定賃貸借契約（マスターリース契約）
を締結したときは、マスターリース契約の賃貸人に対し、遅滞なく、必要事項を記
載した書面を交付しなければならない。

　マスターリース契約書を締結時書面としてよい。特定転貸事業者が賃貸住宅の維
持保全について賃貸人から受託を受けるときには、管理受託契約書を兼ねることも
可能である（R0438肢 1）。ただし、いずれの場合も所定の事項が記載されている
ことを要する。

　契約締結時書面の交付義務を負うのは、特定転貸事業者（サブリース業者）であ
る。勧誘者には義務は課されていない。

2. 交付の時期

　特定転貸事業者は、特定賃貸借契約を締結したときには、遅滞なく書面を交付し
なければならない（R0336肢 1）。特定賃貸借契約の更新においては、当初契約と
異なる内容で更新する場合には、契約締結時書面の交付が必要となる（「解釈・運
用の考え方」第31条関係 2）。家賃を減額するだけであっても、当初契約と異なる
内容での更新なので、契約締結時書面を交付しなければならない（R0336肢 2）。

　更新時に特定賃貸借契約変更契約を締結しない場合には、特定賃貸借契約締結時
書面の交付は不要である（「解釈・運用の考え方」第31条第 1 項関係 2）（R0438肢
3）。

3. 交付の方法

　賃貸人の承諾があれば、書面の交付に代え、電磁的方法による情報提供が認めら
れる（R0438肢 4、R0336肢 3）。承諾があれば、電磁的方法による情報提供は、
書面交付とみなされる。

賃貸人の承諾は、書面、または、情報提供に用いる方法やファイルへの記録方法を示したうえで、電子メール、WEBによる方法、CD-ROM等相手方が承諾したことが記録に残る方法で承諾を得ることを要する。

　電磁的方法による情報提供には次の４種類の方法がある。

❶　電子メール等による方法
❷　ウェブサイトの閲覧等による方法
❸　送信者側で備えた受信者ファイルを閲覧する方法
❹　磁気ディスク等を交付する方法

　いったん承諾を得ても、後に電磁的方法による提供を受けない旨の申出があったときは、電磁的方法による提供をすることはできない。

4．書面の記載事項

　契約締結時書面に説明すべき事項は、次のとおりである。

一　特定転貸事業者（サブリース業者）の商号、名称または氏名および住所
二　対象物件
三　家賃その他賃貸の条件に関する事項
四　賃貸住宅の維持保全の実施方法
五　契約期間
六　転借人の資格その他の転貸の条件に関する事項
七　更新または解除に関する定めがあるときは、その内容
八　サブリース業者が行う維持保全のための費用の分担に関する事項
九　維持保全の実施状況の報告に関する事項
十　損害賠償額の予定、違約金につき、定めがあるときは、その内容
十一　責任および免責につき、定めがあるときは、その内容
十二　入居者への維持保全の実施方法の周知に関する事項
十三　契約終了の場合におけるサブリース業者の権利義務の承継に関する事項

5．監督・罰則

　特定転貸事業者が、契約締結時書面交付義務に違反した場合には、行政による監督（指示、業務停止（１年以内））がなされる。これらは公表される。
　書面不交付（R0336肢４）、虚偽記載などについては、罰則（50万円以下の罰金）が科される。

第15章　業務状況調書等の備え置き、閲覧

POINT
- ▶ 1. 特定転貸事業者は、業務状況調書等を、営業所または事務所に備え置かなければならない
- ▶ 2. 特定転貸事業者は、特定賃貸借契約の相手方または相手方となろうとする者の求めに応じ、業務状況調書等を閲覧させなければならない

1．概説

　特定転貸事業者（サブリース業者）は、業務状況調書等（業務および財産の状況を記載した書類）を作成して営業所または事務所に備え置いて保管し、特定賃貸借契約（マスターリース契約）の相手方または相手方となろうとする者の求めに応じ、閲覧させなければならない（32条）。義務づけの対象者は、特定転貸事業者（サブリース業者）である。勧誘者には、書類の備え置き、保管、閲覧は義務づけられていない（R0437肢1）。

　閲覧を求めることができるのは、特定賃貸借契約の相手方または相手方となろうとする者である。入居者は閲覧を求めることができる者にはあたらない（R0437肢4）。

　業務状況調書等については、事業年度経過後3月以内に作成し、備え置かれた日から、3年を経過する日まで保管しなければならない（管理業法施行規則49条3項）。備え置く場所は、営業所・事務所ごと（サブリース業務を行う営業所・事務所）である。主たる事務所にまとめて備え置くことは認められない（R0437肢3）。

　特定転貸事業者は、営業時間中に限って閲覧させる義務がある（営業時間外であれば、閲覧の請求を拒むことができる）。

【業務状況調書等の備え置き】

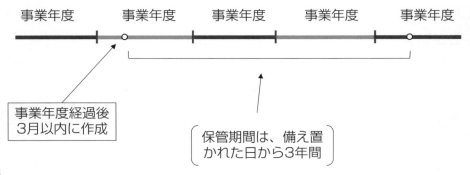

2．業務状況調書等

　備置きと閲覧させることが義務づけられる業務状況調書等とは、業務状況調書、賃借対照表・損益計算書である。

　業務状況調書は様式が決められている。貸借対照表、損益計算書は、これらに代わる書面でもよい。有価証券報告書、商業帳簿、外資系企業が作成する同旨の書面、商法上作成が義務付けられる商業帳簿等が、これらに代わる書面となる。

3．電磁的記録による備え置き

　電子計算機等により明確に紙面に表示されるときは、ファイル・磁気ディスク等によって業務状況調書等を作成して備え置き、保管することが認められる。その場合の閲覧は、業務状況調書等を紙面または営業所・事務所に設置された入出力装置の映像面に表示する方法で行うのであり、必要に応じて紙面に表示されることなどが必要である（管理業法施行規則49条2項前段）（R0437肢2）。

4．監督・罰則

　特定転貸事業者が、業務状況調書等を備え置き、閲覧させる義務に違反した場合には、行政による監督（指示、業務停止（1年以内））がなされる。これらは公表される。

　業務状況調書等を備え置き、閲覧させる義務の違反には、罰則（30万円以下の罰金）も定められている。

▶1. 国土交通大臣は、監督処分として、指示または業務停止を命令することができる。業務停止は、1年以内の期間を限って行われる

▶2. 業務改善命令は、処分をしようとする日から過去5年以内に行われた違反行為が対象となる

▶3. 法人の従業者が、法人の業務に関し、違反行為をしたときは、行為者と法人の両方に罰則が科される

1. 報告・立入・質問

国土交通大臣は、特定転貸事業者・勧誘者に対し、業務に関し報告を求め、または、職員に賃貸住宅管理業者の営業所、事務所その他の施設に立ち入り、業務の状況もしくは設備、帳簿書類その他の物件を検査させ、もしくは関係者に質問させることができる。職員は、その身分を示す証明書を携帯し、関係者に提示しなければならない。

2. 監督

行政による監督には、指示（R0341肢3）と業務停止がある。行政による監督（指示と業務停止）は公表される（R0341肢4）。過去5年内に行われた違反行為が対象となる（R0530肢ア）。

(1) 指示

特定転貸事業者だけではなく、勧誘者についても、誇大広告等の禁止または不当な勧誘等の禁止に違反した場合には、特定転貸事業者に対し、指示を行い、または業務停止を命令することができる（R0341肢2）。

(2) 業務停止命令

業務停止の対象は、業務の全部（R0341肢1）または一部である。業務停止は、1年以内の期間を限って行われる。停止を命じることができるのは新たな契約締結である。契約締結済みの履行について業務停止を命じることはできない。

特定転貸事業者だけではなく、勧誘者についても、業務停止を命ずることができる。業務停止を命ずる理由となりうる行為は次のとおりである。

【業務停止】

特定転貸事業者の業務停止	❶特定転貸事業者のルール違反 または ❷勧誘者の28条・29条違反 ❸特定転貸事業者の指示違反 ┐＋特に必要 → 特定転貸事業者の業務停止
勧誘者の業務停止	❶勧誘者の28条・29条違反＋特に必要 → 勧誘者の業務停止 ❷勧誘者の指示違反

【サブリース規制に対する罰則】

(1)　誇大広告等の禁止 　　（28条）	30万円以下の罰金
(2)　不当な勧誘等の禁止 　　（事実不告知・不実告知） 　　（29条）	６月以下の懲役もしくは50万円以下の罰金、またはこれらの併科（R0432肢イ～エ） 　※規則による禁止行為の違反については罰則は定められていない
(3)　書面不交付、虚偽記載等 　　（30条・31条）	50万円以下の罰金
(4)　書類の備置き・閲覧関係 　　（32条）	30万円以下の罰金

(5)　不当な勧誘等の禁止のうち規則違反行為（29条）	罰則の定めなし

　　法人の従業者が、法人の業務に関し、違反行為をしたときは、行為者と法人の両方に罰則が科される（両罰規定）（R0432肢ア）。

3．措置の申し出

　　何人も、必要があるときは、国土交通大臣に対し、その旨を申し出て、適当な措置をとるべきことを求めることができる。申出はメールによるものとされる。

　　国土交通大臣は、申出があったときは、必要な調査を行い、申出の内容が事実であるときは、適当な措置をとらなければならない。

第 3 編

管理受託契約

- ▶1．委任は、受任者が、法律行為をする契約である
- ▶2．受任者は、善良な管理者の注意義務を負う
- ▶3．委任者の死亡・破産手続開始の決定、受任者の死亡・破産手続開始の決定・後見開始の審判は委任契約の終了事由となる。委任者の後見開始の審判は終了事由ではない

1．概説

賃貸住宅管理の受託は、主に委任（準委任）の性格を有する（R0304肢3）。

委任は、当事者の一方が法律行為をすることを相手方に委託し、相手方がこれを承諾することによって、成立する契約である（民法643条）。法律行為ではない事務（事実行為）をする場合が準委任である（民法656条）。準委任には委任の規定が準用される。

委任（準委任）は仕事の完成を目的とする契約ではなく（H3008肢4）、また委任（準委任）において、自らの判断によって受任者は事務処理を行うものであって、委任者の指揮命令に従って事務処理を行うものではない（R0505肢1）。

2．受任者・委任者の義務

(1) 善良な管理者の注意義務

受任者は、委任の本旨に従い、善良な管理者の注意をもって、委任事務を処理する義務を負う（善管注意義務。民法644条）。自らの財産を管理するのと同程度の注意では不十分である（R0505肢2）。善管注意義務は、委任が有償であるかどうかを問わない。無償でも注意義務を負う。

(2) 自己執行義務

受任者は、委任者の許諾を得たとき、またはやむを得ない事由があるときでなければ、復受任者を選任することができないが（民法644条の2第1項）、委任者の許諾を得たとき、またはやむを得ない事由があれば、例外として、復受任者を選任することができる（R0505肢4、H3008肢3）。

(3) 受け取った金銭その他の物を委任者に引き渡す義務

受任者は、委任事務を処理するに当たって受け取った金銭その他の物を委任者に引き渡さなければならない（民法646条1項）。受任者が利息を受け取っていれ

ば、利息についても委任者に引き渡す義務がある（委任者に引き渡す金銭から、利息を差し引くことはできない）（R0505肢3）。

(4) 報告義務

民法上は、受任者には、請求を受けたときと委任契約終了時に報告を行う義務がある。民法上報告義務は、定期に行うものとはされていない（賃貸住宅管理業法における管理業者の報告義務は、定期に行う義務である）。

(5) 委任者の報酬支払義務

民法上は、「委任」は無報酬が原則であり、特約がある場合に報酬支払いが委任者の義務となる。受任者は、報酬を受けるべき場合には、委任事務を履行した後でなければ、これを請求することができない（報酬の支払は、受託業務の履行の後。民法648条2項本文、656条）（H3008肢1）。

なお、商法上は、商人がその営業の範囲内において他人のために行為をしたときは、特約がなくても、相当な報酬を請求することができる（契約当事者の一方が会社であれば、商法が適用される）。

(6) 委任者の費用前払の義務

委任者は、受任者が委任事務を処理するにあたって費用を要するときは、委任者に費用を前払いしなければならない。

3．委任の終了

(1) 解除

委任は、各当事者がいつでも解除することができる。相手方に不利な時期に解除をした場合には、損害賠償義務を負う。ただし、やむを得ない事由があれば、損害賠償は不要である。

(2) 死亡・破産手続開始の決定・後見開始の審判

死亡・破産手続開始の決定・後見開始の審判が委任の終了事由（当然終了事由）になるかどうか、民法には次のとおり定められている。（委任者の死亡について、H3008肢2。委任者の後見開始審判について、H2709肢3。受任者の破産手続開始決定について、H2709肢2）。

【委任の終了】

	死亡	破産手続開始の決定	後見開始の審判
委任者	○（終了する）	○（終了する）	×（終了しない）
受任者	○（終了する）	○（終了する）	○（終了する）

⑶　**委任終了時の委任者の義務**

　　委任が終了した場合において、急迫の事情があるときは、受任者は、委任者が委任事務を処理することができるに至るまで、必要な処分をする義務がある。

第2章 請負

> ▶1. 請負は、請負人が仕事を完成し、注文者が仕事の結果に対して報酬を支払う契約である。委任は事務処理の委託を目的とする契約であるのに対し、請負は仕事完成を目的とする契約である
> ▶2. 請負契約において、報酬支払は、仕事の結果の引渡しと同時履行の関係に立つ
> ▶3. 注文者は、仕事が完成する前であれば、いつでも請負契約を解除できる

1. 概説

　請負は、請負人が仕事を完成し、注文者が仕事の結果に対して報酬を支払う契約である（R0304肢2）。請負と委任を比較すると、請負は仕事完成を目的とする契約であるのに対し、委任は事務処理の委託を目的とする契約であるという違いがある。

　請負の報酬は、仕事完成後に支払われる（結果を引き渡す請負の場合には、報酬支払と結果の引渡しは同時履行）（R0405肢4）。仕事が未完成でも、未完成が注文者有責のときは、報酬全額を請求できる。

　注文者は、仕事が完成する前であれば、いつでも請負契約を解除できる。

　管理受託契約は、仕事完成と事務処理の両方を目的としていので、管理受託契約は、一般に委任と請負の混合契約になる（雇用（労務の提供）の性質を有するものではない）（R0304肢1）。

2. 契約不適合責任

　請負人は、注文者に引き渡した目的物が契約に適合しないものであった場合には、契約不適合責任を負う。契約不適合責任の内容は、❶～❹のとおりである。

> ❶ 追完請求（履行請求）
> 　※　修補または代替物の引渡しの請求（R0405肢3）。ただし、契約不適合が注文者の責任によって生じた場合、不可
> ❷ 代金減額請求
> 　※　追完を催告しても追完がない場合、代金の減額を請求できる（R0405肢1）
> ❸ 損害賠償請求

④　解除

※　催告しても履行されない場合、契約を解除できる。契約不適合が軽微ならば解除はできない

　不適合が、注文者の供した材料・注文者の指図による場合、請負人は責任を負わない。ただし、請負人が材料・指示が不適当と知って告げなければ、責任を負う。

　契約不適合責任を追及するには、注文者が不適合を知った時から1年以内に請負人に通知をすることが必要である。1年以内に請負人に通知をしなければ、注文者は、契約不適合を理由として、担保責任を追及することができない（民法637条1項）（R0405肢2）。

第3章 賃貸住宅標準管理受託契約書

▶1. 国土交通省は、賃貸住宅標準管理受託契約書を策定している
▶2. 賃貸住宅標準管理受託契約書は、賃貸住宅に共通する管理事務に関する標準的な契約内容を定めたものである
▶3. 実際の契約書作成にあたっては、個々の状況や必要性に応じて賃貸住宅標準管理受託契約書の内容の加除、修正を行い活用されるべきである

　賃貸住宅標準管理受託契約書は、国土交通省が、賃貸住宅に共通する管理事務に関する標準的な契約内容を定めたものである。実際の契約書作成にあたっては、個々の状況や必要性に応じて内容の加除、修正を行い活用されるべきものである（R0404肢3）。
　試験との関係でみたときには、次の条項が重要（過去に出題された条文）である（甲は賃貸人（委託者）、乙は管理業者（受託者））。

第7条（家賃及び敷金等の引渡し）
　　乙は、入居者から代理受領した敷金等を、頭書(6)に記載する振込先に振り込むことにより、速やかに、甲に引き渡さなければならない。
2　乙は、入居者から徴収した当月分の家賃等を、毎月、頭書(6)に記載する振込先に、頭書6(6)に記載する期日までに振り込むことにより、甲に引き渡さなければならない（R0403肢2）。
3　前項の場合において、乙は、当月分の管理報酬で家賃等から差し引くことについてあらかじめ甲の承諾を得ているものを差し引くことができる。

第12条（鍵の管理・保管）
　　鍵の管理（保管・設置、交換及び費用負担含む）に関する事項は甲が行う（R0403肢1）。
2　乙は、入居者への鍵の引渡し時のほか、本契約に基づく入居者との解約、明け渡し業務に付随して鍵を一時的に預かることができる。

第14条（代理権の授与）
　　乙は、管理業務のうち次の各号に掲げる業務について、甲を代理するものとする。ただし、乙は、第四号から第六号までに掲げる業務を実施する場合

には、その内容について事前に甲と協議し、承諾を求めなければならない。

一　敷金、その他一時金、家賃、共益費（管理費）及び附属施設使用料の徴収（R0305肢1）

二　未収金の督促

三　賃貸借契約に基づいて行われる入居者から甲への通知の受領

四　賃貸借契約の更新（R0305肢2）

五　修繕の費用負担についての入居者との協議（R0305肢3）

六　賃貸借契約の終了に伴う原状回復についての入居者との協議（R0305肢4）

※　未収金回収の紛争対応は管理業者に代理権が授与される事項には含まれない（R0305肢1）。

第17条（住戸への立入調査）

乙は、管理業務を行うため必要があるときは、住戸に立ち入ることができる。

2　前項の場合において、乙は、あらかじめその旨を本物件の入居者に通知し、その承諾を得なければならない。ただし、防災等の緊急を要するときは、この限りではない（R0403肢3）。

第23条（入居者への対応）

乙は、本物件について本契約を締結したときは、入居者に対し、遅滞なく、頭書(9)の記載に従い、頭書(3)に記載する管理業務の内容・実施方法及び乙の連絡先を記載した書面又は電磁的方法により通知するものとする。

2　本契約が終了したときは、甲及び乙は、入居者に対し、遅滞なく、乙による本物件の管理業務が終了したことを通知しなければならない（R0403肢4）。

第4編

賃貸借契約

> ▶ 1. 賃貸借契約は、賃借人が目的物を使用し、賃貸人にその対価を支払うという合意だけで成立する。必ずしも契約の終期についての合意はしなくてもよい
> ▶ 2. 期間が3年を超えない賃借権を設定することは管理行為であり、共有者の持分の価格に従ってその過半数で決することができる
> ▶ 3. 過半数の共有持分を有する共有者は賃貸借契約を解除することができる

1. 契約自由

　契約は、意思表示が合致することによって成立する（諾成契約）。誰もが自由に契約締結をすることができるのが原則である（契約自由の原則）。

　契約自由の原則には、4つの内容がある。ただし、それぞれ例外（制約）がある。

(1) 契約をするかしないかを自由に決められる（契約締結の自由）
　　例外：**終身建物賃貸借**では、賃借人が死亡したときには賃貸借は終了するが（高齢者住まい法54条2号）、同居配偶者等が**賃借人死亡の日から1月を経過する日までに賃貸人（事業者）に対して**引き続き居住する旨の申出を行ったときは、賃貸人は、その同居配偶者等と終身建物賃貸借の契約をしなければならない

(2) どのような内容の契約をするかを自由に決定できる（内容決定の自由）
　　例外：**公序良俗に違反し**（民法90条）、または、**強行規定に違反する契約内容には効力が認められない**。終身建物賃貸借終了時の同居配偶者等からの申出があったときに締結される契約内容は従前の建物の賃貸借と同一のものでなければならない

(3) いかなる方式で契約を行うかを自由に定められる（方式の自由）
　　例外：**保証契約は、書面または電磁的記録でしなければ、その効力を生じない。❶定期建物賃貸借**（借地借家法38条）、**❷取壊し予定の建物の賃貸借**（同法39条）、**❸終身建物賃貸借**（高齢者住まい法52条）はそれぞれ書面によることが必要

(4) 誰を相手方として契約をするかを自由に選択できる（相手方選択の自由）
　　例外：❶外国人であることを理由として入居を拒むことは許されず（大阪

地判平５．８．18判時1468号122頁）、また、❷障害を理由として入居を拒むことは不当な差別的取扱いであって違法（障害者差別解消法8条）

２．契約の成立

　契約は、申込みとこれに対する承諾によって成立する（民法522条１項）。承諾が明示的ではなく、黙示で行われた場合には、明示的な承諾の意思表示がなくても、契約が成立する（R0213肢１）。

　契約成立のためには、特に法律に定めがなければ、書面の作成や物の引渡しは不要である（諾成契約という）（H2713肢１）。賃貸借契約や委任契約などは、原則どおり書面で契約することは義務づけられておらず、合意だけで成立する（賃貸借契約について、R0213肢３、R0113肢ア、H2908肢ア、H2713肢２。委任契約について、R0304肢４）。また、かつては使用貸借の成立には物の引渡しが必要であったが、民法が改正され、現在では使用貸借も、引渡しは契約成立の要件ではなく、合意だけで成立する契約となっている。

　なお、契約成立のための書面が必要とされる契約として、次の契約がある（書面は公正証書でなくてもよい）。

- ❶　定期建物賃貸借契約
- ❷　取壊予定建物の建物賃貸借（H2813肢２、H2714肢３）
- ❸　終身建物賃貸借契約（H2818肢４、H2714肢４）
- ❹　保証契約

　一時使用のために建物の賃貸借をしたことが明らかな場合には、借地借家法のうち、建物の賃貸借のルールを定める条項は適用されない（H2714肢２）。一時使用目的のための建物賃貸借の成立には、書面は不要である（H2818肢２）。

３．賃貸借契約

⑴　賃貸借契約の特質と成立

　賃貸借契約は、賃借人が目的物を使用し、賃貸人にその対価を支払うという合意だけで成立する（例外として賃貸借契約に書面が必要なものについては、参考：２．契約の成立❶〜❸のとおり）。契約の終期についての合意がなくても、有効である（R0521肢ア）。賃料は、目的物使用の対価であり、建物賃貸借の賃料には敷地使用の対価も含まれる（R0420肢２）。

⑵　共有物の賃貸借

　共有物については、処分（または変更）であれば共有者の全員一致が必要、共

有物の管理であれば、持分の価格の過半数で決められる（民法252条前段）。

　民法では、賃貸借期間が❶〜❸を超えないものは、共有物の管理になるとされている。

> ❶　樹木の栽植・伐採を目的とする山林の賃借権等　➡10年
> ❷　上記❶に掲げる賃借権等以外の土地の賃借権等　➡5年
> ❸　建物の賃借権等　➡3年

　建物の賃貸借については、期間が3年を超えない賃借権（期間3年以下の賃貸借）を設定することは管理行為であり（民法252条4項3号）、共有者の持分の価格に従ってその過半数で行うことができる（R0522肢2）。期間が3年を超える賃貸借は処分行為となり（民法252条4項3号）、全員一致でなければ行うことはできない（R0522肢3）ということになる。

　建物が共有物で、賃貸人が共有者である場合、賃貸借契約の解除に関する事項は共有物の管理に関する事項にあたる（最判昭39.2.25民集18巻2号329頁、最判昭47.2.18金法647号30頁）。過半数の共有持分を有する共有者は賃貸借契約についての解除権を行使することができる（過半数の共有持分によらなければ解除権を行使することはできない）（民法252条前段）（R0522肢4、H2916肢ウ）。

　なお、共有物の保存行為は各共有者が行うことができる（民法252条5項）。窓ガラスの交換は保存行為だから、各共有者が単独で行うことができる（R0522肢1）。

4．契約の取消し

　契約が、契約当事者の正常な意思決定によらないものであった場合には、契約が無効になり（意思無能力、公序良俗違反、強行規定違反）、または契約が取り消される（制限能力、錯誤、詐欺・強迫等）ことがある。

　消費者契約法は、消費者に不利益な事実を故意に告げられなかったため、その結果誤認して成約をした場合は、消費者は契約を取り消し得るものとしている（消費者契約法4条）。貸家の南隣にマンションが建設されることを知りながら「陽当たり良好」などと言って販売を行った場合、賃貸借契約は取り消される（R0347肢4）。

5．契約締結上の過失

　賃貸借契約の締結に向けた交渉がなされ、賃貸人に契約が成立するという強い信頼を与えるに至ったにもかかわらず、契約成立に対する信頼を裏切って、合意直前で理由なく翻意した場合には、賃借人予定者は、損害賠償責任を負う（R0521肢エ、H2713肢3）。

POINT

▶1. 賃貸人には、修繕義務がある。賃借人は、修繕が必要でかつ急迫の事情があるときには、賃貸人の承諾を得ずに、修繕を行うことができる

▶2. 必要費とは、通常の用法として使用するために支出した費用である

▶3. 有益費とは、賃借人が、物件の改良のために支出した費用である

▶4. 賃貸借契約が終了した場合には、賃借人は、造作買取請求権を行使することができる

▶5. 造作物とは、目的物に付加され、物に客観的な便益を与える物件であって、賃借人が所有する物をいう

1. 修繕義務・修繕権限

(1) 修繕義務

賃貸人は、賃貸物の使用および収益に必要な修繕を行わなければならない（民法606条1項）。入居前からの不具合（H2820肢3、H2717肢3）、共用部分に生じたもの（H2820肢4、H2717肢4）、地震等の不可抗力による損傷についても、修繕義務がある（R0307肢3・肢4、R0223肢4、H2917肢3）。賃貸建物が一部滅失しても、賃貸借契約が継続し、修繕が物理的経済的に可能である以上は、賃貸人は修繕義務を負う（H3016肢1）。

賃借人に責任がある場合（R0223肢1）、修繕が物理的に不可能な場合、賃貸借契約が終了した場合（建物全部滅失の場合など。H3016肢2、H2917肢2）については、賃貸人に修繕義務はない。

賃借人に修繕義務を負わせる特約は有効である。

賃貸人が修繕義務を果たさず、賃借人が建物を使用できなかった場合には、使用できなかった部分の割合に応じて賃料は発生しないことになる（H2917肢4）。

(2) 通知

賃借物が修繕を要し、または賃借物について権利を主張する者があるときは、賃借人は、遅滞なくその旨を賃貸人に通知しなければならない。ただし、賃貸人が既にこれを知っているときは、通知は不要である（民法615条）（H2819肢1、H2718肢3）。

(3) 修繕を受忍する義務

賃貸人が保存に必要な修繕を行おうとする場合、賃借人はこれを拒むことはで

きない（修繕を行うための立ち入りも認められる）（R0223肢２、H2820肢２、H2718肢４）。他方賃貸人が行おうとする修繕が保存に必要な範囲を超える場合には、賃借人は賃貸人から協力を求められても、これを拒むことができる（R0117肢４）。

(4) 修繕権限

賃借人は、修繕が必要で、かつ❶または❷の場合には、賃貸人の承諾を得ずに、修繕を行うことができる（民法607条の２）（R0523肢１）。

❶ 急迫の事情があるとき
❷ 賃借人が通知しても、相当の期間内に貸主が必要な修繕をしないとき
（R0223肢３）

２．必要費償還請求権・有益費償還請求権

(1) 必要費償還請求権

必要費とは、通常の用法として建物使用するために賃借人が支出した費用である。たとえば、雨漏り修理費用がこれにあたる。賃貸人の行うべき修繕を賃借人が行った費用だから、賃借人が支出した場合には直ちに賃貸人に対して費用を請求することができる（R0428肢４、R0116肢１、H3018肢３、H2917肢１、H2820肢１）。請求額は、支出額である。賃借人は必要費の償還を受けるまでは、賃貸借が終了しても、建物の明渡しを拒むことができる（R0523肢２、H2717肢１）（ただし、明渡しを拒めるとしても、無償で賃貸物件を使用できるわけではなく、明渡しがなされるまでの賃料相当額の支払義務を負う。R0325肢イ）。裁判所が費用償還についての期限を許与することはできない。

賃借人が必要費の償還義務を負わないとする特約は有効である（R0325肢ア）。

賃借人が支出した必要費は、賃貸人が返還を受けた時から１年以内に請求しなければならない（民法600条１項・622条）（R0523肢３）。１年経過後は、費用の償還請求ができなくなる。

(2) 有益費償還請求権

有益費とは、賃借人が建物を改良するために支出した費用である。たとえば、畳、建具、汲取式トイレを水洗化する費用などがこれにあたる。賃借人は、価格の増加が現存する場合に限って、賃貸借の終了時に費用の償還を請求することができる（R0116肢３）。請求額は、賃借人が支出した費用または価値の増加額のうちの低い方の額である（R0325肢ウ）。賃借人は有益費の償還を受けるまでは、賃貸借が終了しても、建物の明渡しを拒むことができる（ただし、明渡しを拒め

るとしても、無償で賃貸物件を使用できるわけではなく、明渡しがなされるまでの賃料相当額の支払義務を負う。R0325肢イ）。有益費償還請求によって引渡しを拒むことについては、賃貸人の請求によって、裁判所が認めた場合には有益費の支払いに関する期限が猶予される（その結果、有益費支払に期限が許与されると、賃借人は引き渡しを拒むことができなくなる）。

賃借人が有益費の償還義務を負わないとする特約は有効である。

賃借人が支出した有益費は、賃貸人が返還を受けた時から1年以内に請求しなければならない（民法600条1項・622条）（R0523肢3）。1年経過後は、費用の償還請求ができなくなる。

3．造作買取請求権

賃貸借が期間の満了または解約の申入れによって終了する場合に、賃借人が建物に造作を設置していれば、賃貸人に対して、造作買取を請求することができる（造作買取請求権）。

造作とは、目的物に付加され、❶借主の所有に属し、❷物に客観的な便益を与えるものをいう。空調機や飾り棚などが、これに該当する。建物の構成部分になった物（例えば、塗装）や、取外しに過分の費用がかかる物（取外しが困難な扉など）は、造作にはならない。

造作買取請求権を行使できるのは、賃貸借が期間の満了または解約の申入れによって終了する場合である。契約が解除によって終了した場合には、請求権は認められない。また、買取請求権を行使できるのは、貸主の同意を得て付加した造作、または賃貸人から買い取った造作である。無断で取り付けた物については、買取請求権を行使することはできない。

造作買取請求権は一方的な意思表示であり、賃借人が請求権を行使し、意思表示が賃貸人に到達した時点で、造作についての売買契約が成立する。賃貸人と賃借人の意思の合致によって契約が成立するものではない（R0523肢4、H2717肢2）。造作買取請求権によって、建物の明渡しを拒むことはできない（R0325肢エ）。

造作買取請求権を放棄する特約は有効である（借地借家法33条1項・37条）。特約で造作買取請求権を放棄すると定められていれば、賃借人は造作買取を求めることはできない（R0116肢4、H3015肢3、H2813肢3）。

4．用法遵守義務・善管注意義務

賃借人は、その引渡しをするまで善良な管理者の注意（善管注意）をもって、その物を保管しなければならない（民法400条）。賃貸人が親族であってもその義務の程度は軽減されない（R0117肢2）。賃借人が失火により建物を損傷させた場合、賃貸人に対し、債務不履行責任を負う。この場合賃借人に過失があれば責任を負う

のであり、重過失までは要求されていない（H2819肢3）。なお、失火による不法行為については、重過失がない場合には免責される（失火責任法）。

　また、賃借人は契約または目的物の性質によって定まった用法に従って、目的物を使用収益しなければならない（用法遵守義務）。賃貸借契約上ペット飼育が禁止されていない場合でも、通常許容される範囲を超えたペットの飼育があった場合には、賃貸借における用法違反として、契約解除が認められる（東京地判昭和62．3．2）（H2918肢1、H2819肢4）。

　賃借人が用法遵守義務に違反し、賃貸人に損害を与えた場合には、賃借人は損害賠償義務を負う。もっとも、用法遵守義務によって生じた損害の賠償は、賃貸人は、目的物の返還を受けた時から1年以内に請求しなければならない（民法622条、600条1項）（R0117肢1）。

5．賃借権の無断譲渡・無断転貸の禁止

　民法上、賃借人は、賃貸人の承諾がなければ、賃借権の譲渡をし、または賃借物を転貸することはできない（民法612条1項）。賃貸人の承諾なく賃借人が賃借権を譲渡し、また転貸して第三者に目的物を使用させた場合には、賃貸人は契約を解除することができる。（同条2項）。賃貸借契約書に無断転貸がなされた場合には契約を解除することができると定められていなくても、賃貸借契約を解除することが可能である（H2919肢ウ）。

第3章　期間、更新、更新拒絶、正当事由

> ▶1. 建物の賃貸借の期間設定には上限がない。普通建物賃貸借では、下限は1年であって、1年未満の定めは期間の定めがないとみなされる。定期建物賃貸借では、上限だけでなく、下限もなく、1年未満の定めも有効である
>
> ▶2. 賃貸人は更新を拒絶することもできるが、更新拒絶によって契約終了の効力を生じるには、正当事由が必要である
>
> ▶3. 法定更新後の条件は、期間は期間の定めのない契約となるが、期間を除けば、更新前と同様である

1．期間

　建物の賃貸借には、通常期間の定めが設けられる。しかし、期間の定めを設けなくても、賃貸借契約は有効である（R0521肢ア）（定期建物賃貸借では、期間の定めは必須である）。

　賃貸借期間は、民法上は上限50年（下限はない）だが、建物の賃貸借の場合には、期間設定に上限がない（R0424肢イ）。50年を超える期間を定めることも可能である。建物の賃貸借のうち、普通建物賃貸借では、下限は1年である（R0113肢イ）。1年未満の定めは期間の定めがないとみなされる。定期建物賃貸借では、上限だけでなく、下限もなく、1年未満の定めも有効である（R0219肢2、R0113肢イ、H3012肢ウ）。

2．更新

　更新とは、一般に、期間満了に際し、契約の終期を従来よりも後の時点に変更し、期間満了後も引き続き契約を存続させることとされている。更新前の契約と更新後の契約には、契約としての同一性がある（H3024肢2）。

　建物賃貸借の更新には、法律の規定によって更新になる法定更新と、当事者の合意によって更新となる合意更新がある。

(1)　法定更新

　❶または❷の場合に、法定更新となる。

> ❶　期間満了の1年前〜6月前に更新拒絶の通知をしなかったとき（H3024肢1、H2920肢2）

❷ 期間満了後に賃借人が建物を使用継続し、それに対して賃貸人が遅滞な
く異議を述べなかったとき（H3019肢３）

　法定更新となった場合、期間については、期間の定めのない契約となり
（H3019肢４、H2920肢３、H2719肢３）、期間以外については、更新前と変わら
ない条件となる（借地借家法27条２項・１項）。

(2) 賃貸人の更新拒絶

　賃貸人は更新拒絶をすることもできるが、更新拒絶によって契約終了の効力を
生じるには、正当事由が必要である。賃貸人からの解約申入についても、同じく
正当事由が必要になる。（参照４-07章賃貸借の終了）。賃借人からの更新拒絶や
期間内解約には正当事由は不要である。賃貸人が更新を拒絶しても正当事由がな
い場合には、契約は終了せず、法定更新となる（R0428肢１）。正当事由がなく
ても法定更新しないという特約は無効である（借地借家法28条・30条）。更新が
なく期間満了とともに当然に契約が終了する特約は無効であり（松山地判昭和
36.9.14，東京地判昭和55.1.31）、更新の合意が成立しない場合は期間満了と
同時に当然に終了する旨の特約は効力を有しない（H3015肢２）。

(3) 合意更新

　当事者が合意によって更新をする場合には、その時期や手続き、内容等に制約
はない（R0228肢３、H2719肢１）。当事者がその意思を有している限りは、有
効である。書面によって行わなくても、効力が認められる（R0109肢ウ）。
　更新の合意が成立しなければ期間満了と同時に当然終了する旨の特約は、無効
である。

(4) 更新料

　合意がない場合には更新料は発生しない。
　更新料を支払う旨の特約がある場合には、特約に基づいて更新料を支払う義務
が生じる。更新料条項は、賃貸借契約書に一義的かつ具体的に記載されていれ
ば、「更新料の額が賃料の額、賃貸借契約が更新される期間等に照らし高額に過
ぎるなどの特段の事情がない限り、消費者契約法第10条にいう『民法第１条第２
項に規定する基本原則に反して消費者の利益を一方的に害するもの』には当たら
ない」として、特段の事情がない限り、有効である（最判平成23.7.15）
（H2920肢１、H2719肢２）。

第4章 敷金

 ▶ 1. 敷金を預け入れる敷金契約は、賃貸借契約とは別の契約である
▶ 2. 敷金によって担保されるのは賃貸借契約から生じる賃借人の債務全般である
▶ 3. 敷金の返還時期は、明渡し後（明渡しの後履行）であり、敷金と明渡しは同時履行ではない

1．概説

敷金は、賃借人の債務を担保するために、賃貸人に預けられる金銭である。

敷金を預け入れる敷金契約は、賃貸借契約とは別の契約である。賃貸借契約と同時にまたは締結前に交付しなければならないものではなく、賃貸借契約の締結後に合意し、または敷金を交付するものとするという合意も可能である（R0520肢2、R0320肢2、H2821肢2）。敷金契約だけを合意解約することもできる（R0520肢1、H2821肢1）。

賃貸人は、賃借人が債務を履行しないときは、建物明渡しの前でも、敷金をその債務の弁済に充てることができる（民法622条の2第2項前段）（R0519肢4、R0320肢1、H2821肢3）。他方賃借人は、未払賃料等を敷金に充当することはできない（民法622条の2第2項）（R0220肢1、H3017肢1）。

契約継続中の充当　賃貸人が充当すること	➡	可
賃借人が充当すること	➡	不可

2．敷金によって担保される債務の範囲

敷金によって担保されるのは賃貸借契約から生じる賃借人の一切の債務である（最判昭和48．2．2）。不払賃料に限定されず、原状回復をなすべき賃借人の毀損・汚損による損害賠償義務（R0220肢3、R0119肢イ、H3017肢4）、賃借人が無権限で施工した工事の復旧費（R0119肢イ）、賃貸借契約が終了した後の明渡しがなされない場合の賃料相当額の使用損害金（R0520肢3）などは、いずれも敷金の担保する債務に含まれる。

3．敷金の返還

賃貸人は、賃貸借契約が継続している間には、敷金返還義務を負わない。したがって、賃貸借契約が継続していれば、賃借人からの敷金返還請求に応じる必要が

なく、また敷金が差し押さえられても、差押債権者に対しても敷金を支払う必要はない（R0220肢2、R0119肢ウ、H2821肢4）。

敷金は、賃貸借が終了し賃借人が賃貸人に対して敷金により担保される債務を負担している場合、当然に債務に充てられ、敷金の返還請求権は残額についてのみ発生する（民法622条の2第1項）。賃貸人による敷金充当の意思表示は不要である（大判大15.7.12民集5巻616頁）（R0520肢4、R0320肢4、R0322肢ウ）。

敷金の返還時期は、明渡し後（明渡しが先履行）である（明渡時説）。敷金と明渡しは同時履行ではなく、明渡しが先履行となる（R0119肢ア、H3017肢2）。

敷引特約（賃貸借契約終了時に、貸主が敷金の一部を取得する特約。）は、最高裁により、「敷引金の額が高額に過ぎると評価すべきものである場合」には、特段の事情のない限り、消費者契約法10条により無効となるが、そのような場合でなければ、効力が認められるものとされている（最判平成23.3.24、最判平成23.7.12）（R0119肢エ）。

4．地位の移転

賃借人が賃貸借の対抗要件を備えた場合において、不動産が譲渡されたときは、不動産の賃貸人たる地位は、その譲受人に移転する（民法605条の2第1項、同条2項前段）。（R0320肢3）。したがって、契約が終了したときに敷金の返還義務を負うのも譲受人となる。

ただし、不動産の譲渡人および譲受人が、賃貸人たる地位を譲渡人に留保する旨およびその不動産を譲受人が譲渡人に賃貸する旨の合意をしたときには、賃貸人の地位は移転しない。その場合には契約が終了したときに敷金の返還義務を負うのは譲渡人である（R0328肢2、R0220肢4）。

賃貸人の承諾を得て賃借権が譲渡された場合、旧賃借人の賃貸人に対する権利義務は、新賃借人が承継する。ただし、旧賃借人が預託した敷金については、新賃借人に承継されない（最判昭和53.12.22）（H3017肢3）。新賃借人の債務まで従来の敷金で担保することは、敷金を預託した旧賃借人に不測の損害を生じさせるおそれがあることがその理由である。

第5章　定期建物賃貸借

▶ 1．定期建物賃貸借は、更新のない契約であり、合意があっても更新されない。書面に更新がないとする更新否定条項が明記されていることが成立要件である

▶ 2．定期建物賃貸借は、書面（公正証書でなくてもよい。電磁的記録によることも可）によって契約をするときに限って成立する

▶ 3．定期建物賃貸借をしようとするときは、賃貸人は、あらかじめ期間の満了により賃貸借が終了することについて、その旨を記載した書面を交付して説明しなければならない

1．契約締結

　定期建物賃貸借は、更新のない賃貸借契約である。合意があっても更新されない。書面に更新がないとする更新否定条項が明記されていることが成立要件である（借地借家法38条１項）（R0113肢ア、H2912肢ア）。契約期間の定めを契約書に記載しただけでは定期建物賃貸借は成立しない（R0424肢エ）。

　定期建物賃貸借は、書面（公正証書でなくてもよい）によって契約をするときに限って成立する（H2912肢イ、H2818肢１、H2714肢１）。電磁的記録によって契約がなされた場合は、書面によってされたものとみなされる（借地借家法38条２項）（R0524肢ア）。当事者が更新のないものとして契約をしても、更新がないことを明記する書面がなければ、普通建物賃貸借契約となる（H3020肢１）。

　定期建物賃貸借を締結する場合には、期間を特定して定めたときに限って効力が認められる（借地借家法38条１項）。借主が死亡したときに契約が終了する旨の定めは定期建物賃貸借としての効力は認められない（R0219肢１）。

　期間ついては、上限と下限の両方について制約がない。普通建物賃貸借では、１年未満の定めをすることはできないが、定期建物賃貸借では、１年未満の定めも有効である（R0219肢２、R0113肢イ、H3012肢ウ）（なお、借地借家法の適用のない賃貸借では、下限はなく、上限は50年）。

2．事前説明

　定期建物賃貸借をしようとするときは、賃貸人は、あらかじめ期間の満了により賃貸借が終了することについて、その旨を記載した書面を交付して説明しなければならない（事前説明。借地借家法38条３項）（H3012肢ア）。契約書に事前説明がなされたことを書くことまでは不要である（H3012肢イ）。

事前説明は、建物の賃借人の承諾を得て、電磁的方法により提供することができる（借地借家法38条４項）（R0524肢イ）。説明のための書面は契約書とは別個の書面が必要である（最判平成24．９．13民集66巻９号3263頁）（R0326肢２、H2720肢４）。

　宅建業者が宅地建物取引業法に基づく重要事項説明を行ったとしても、借地借家法上の定期建物賃貸借契約成立のための書面による賃貸人の事前説明は必要である（R0326肢３、H3012肢エ、H2720肢２）。

３．終了通知

　定期建物賃貸借の期間が１年以上である場合には、期間の満了の１年前から６月前までの間（通知期間）に終了通知をしなければならない（借地借家法38条６項）（期間１年でも終了通知が必要。H2912肢ウ）。契約期間が１年未満であれば、終了通知は不要である（H2912肢ウ）。法律上は、終了通知は書面で行うことは求められていない。賃貸人が通知を行わないときには、賃借人に対して、契約が終了したことを対抗することができない。ただし、賃貸人が通知期間に、賃借人に対して期間の満了により建物の賃貸借が終了する旨の通知をしなかった場合でも、通知期間の経過後、賃借人に対しその旨の通知をすれば、その通知の日から６か月を経過した後には、賃借人に対して契約の終了を主張することができる（借地借家法38条４項ただし書）（H2814肢２）。

【終了通知】

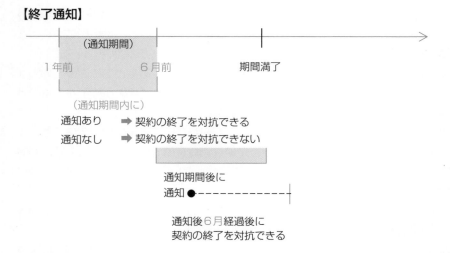

４．賃借人の解約申入権

　定期建物賃貸借では、以下の❶～❸をすべてみたす場合において、賃借人が解約申入れを行ったときには、建物の賃貸借は、解約の申入れの日から１月を経過する

ことによって終了する。

> ❶ 居住の用に供する建物の賃貸借であること
> ❷ 床面積（建物の一部分を賃貸借の目的とする場合にあっては、一部分の床面積）が200㎡未満であること（R0219肢4）
> ❸ 転勤、療養、親族の介護その他のやむを得ない事情により、賃借人が建物を自己の生活の本拠として使用することが困難となったこと

この解約申入れを認めないものとする特約は無効である。

5．不増減特約

定期建物賃貸借においては、賃料増額請求をしない特約と賃料減額請求をしない特約のいずれも有効である（借地借家法38条7項。普通建物賃貸借では、不増額特約は有効、不減額特約は無効）（R0424肢ウ、R0326肢4、R0113肢ウ、H2921肢2・肢3）。

【賃料増減請求権を行使しないという特約の効力】

	増額しない特約 （不増額特約）	減額しない特約 （不減額特約）
普通建物 賃貸借	○（有効）	×（無効） ※特約があっても減額請求可
定期建物 賃貸借	○（有効）	○（有効）

6．再契約

定期建物賃貸借契約は、期間が満了すれば契約は終了するから、賃借人が引き続いて建物を使用するには、新たに契約を締結しなければならない（再契約）。再契約をどのような内容で締結するのかは、賃貸人と賃借人が自由に決めることができる（H2814肢3）。

もっとも再契約は、従前の契約とは別の新たな賃貸借契約である。したがって、再契約を締結するにあたって、賃貸人は借地借家法上の事前説明を行わなければならないし、仲介業者は宅地建物取引業法上の重要事項説明を行わなければならない（H2720肢1）。また、新たに締結される賃貸借契約における賃借人の債務について、賃貸人と保証人が保証契約を締結するには、新たに書面で契約を行わなければ保証の効力はない（民法446条2項）。従前の契約の保証人が口頭で保証を承諾しただけでは、再契約後の賃貸借についての保証債務を負うことにはならない（H2912

肢エ、H2814肢4）。

7．切替え

　定期建物賃貸借の規定の施行日（平成12年3月1日）以前に契約が締結された居住の用に供する建物の賃貸借については、普通建物賃貸借から定期建物賃貸借への切替えは認められない（良質な賃貸住宅等の供給の促進に関する特別措置法附則3条）（R0524肢エ、R0219肢3）。使用目的が居住用でなければ、同日以前に締結されていても、合意によりこれを終了させて、新たに定期建物賃貸借契約を締結することができる（H2720肢3）。

第6章 終身建物賃貸借

▶ 1. 終身建物賃貸借は、書面によって、借主の死亡に至るまで存続し、かつ、借主が死亡した時に終了することを合意した賃貸借が終身建物賃貸借である

▶ 2. 終身建物賃貸借は、公正証書などの書面（電磁的記録を含む）によって契約を締結したときにはじめて成立する

▶ 3. 賃料改定の特約がある場合には、借地借家法32条の適用が排除され、賃料増額請求権と賃料減額請求権のどちらも、権利行使が否定される

1．概説

　終身建物賃貸借は、借主の死亡に至るまで存続し、かつ借主が死亡した時に終了する（賃貸人は本人一代限りとする）合意をした賃貸借である（高齢者住まい法54条2号）。事業者が都道府県知事等の認可を受けている場合に限って締結することができる。

　終身建物賃貸借の対象となる賃貸住宅は、高齢者の身体機能に対応した段差のない床構造、トイレ・浴室等への手すりの設置、幅の広い出入り口や共用廊下など、バリアフリー化基準を満たしたものでなければならない（同法54条1号イ、ロ）（R0426肢3）。

　介護や食事などを提供する契約を締結することもあるが、サービス供与は、賃貸借とは別の契約になる。

2．契約の特色

⑴　書面による契約

　終身建物賃貸借の成立には書面が必要であり、公正証書などの書面（電磁的記録を含む）（公正証書でなくてもよい）によって契約を締結したときにはじめて契約が成立する（高齢者住まい法54条2号）（R0426肢2、H2818肢4、H2714肢4）。

⑵　入居一時金

　終身建物賃貸借では、老人ホームのような入居一時金を受領してはならないものとされている。

第4編 賃貸借契約

(3) **賃借人の資格**

賃借人は高齢者（60歳以上）であることを要する。賃借人と同居できるのは、配偶者（60歳未満でもよい）または60歳以上の親族に限られる。

(4) **契約の終了と再契約**

賃借人である高齢者が死亡した時に契約が終了し、相続されない。死亡まで存続し、死亡のときに終了するという取決めを特約によって排除することはできない（R0426肢1）。

賃借人が死亡した場合、同居していた配偶者または60歳以上の親族（同居配偶者等）が入居者の死亡を知った日から1か月を経過する日までの間に事業者に申し出た場合、賃貸人は、その同居配偶者等との間で従前の契約と同一の賃貸条件により、終身建物賃貸借契約を締結しなければならない（高齢者すまい法62条）。

(5) **賃借人からの解約の申入れ**

① 療養、老人ホームへの入所その他のやむを得ない事情により居住することが困難となったときや、親族と同居するため居住する必要がなくなったとき、賃借人からの解約申入れの1か月後に契約は終了する。

② ①以外に、解約の申入れの日から6か月以上先に解約日を設定することができ、解約の申入れが行われれば、その解約日をもって契約は終了する。

(6) **借賃の改定に係る特約（不増減特約）**

終身建物賃貸借で借賃の改定に係る特約（不増減特約）がある場合には、借地借家法32条の適用が排除され、賃料増額請求権と賃料減額請求権のどちらも、権利行使が否定される（高齢者住まい法63条）（R0426肢4）。

第7章　賃貸借の終了

> ▶1．賃貸人からの更新拒絶によって契約終了の効力を生じるには、正当
> 事由が必要である
> ▶2．賃借人が賃料支払い全部の履行を拒絶する意思を明確に表示したと
> きには、無催告で解除をすることができる

1．賃貸人の更新拒絶

　賃貸人が更新拒絶をすると、契約が終了する場合がある。賃貸人からの更新拒絶によって契約終了の効力を生じるには、正当事由が必要である（H3019肢2）。また、賃貸人の更新拒絶に正当事由が備わっていても、建物の賃貸借の期間が満了した後建物の賃借人が使用を継続する場合において、建物の賃貸人が遅滞なく異議を述べなかったときには法定更新となる（H3019肢3）（法定更新となった場合の契約条件について、参考：第4編第3章2．更新）。

　正当事由の有無は、基本的要因と副次的要因を総合的に考慮して判断される。

　基本的要因は、❶賃貸人の必要性と賃借人の必要性である。

　賃貸人の必要性と賃借人の必要性を比較することが、基本的な判断基準となる。ここで賃借人の必要性には転借人の必要性を含む（H2710肢3）。

　基本的要因の比較では判断ができないときに、副次的要因（❷から❺）を加えて判断がなされる。

❷	賃貸借に関する従前の経過
❸	建物の利用状況
❹	建物の現況
❺	立退料の提供

　❺立退料提供の有無も、正当事由の有無を判断する際のひとつの要因であるが、立退料の提供だけで、ほかの要因（❶から❹）が考慮されずに正当事由を満たしていると判断されるものではない（H2721肢1）。

　正当事由は、更新拒絶等の通知または解約申入れのときに存在し、かつその後6か月間持続させなければならない（最判昭和28．1.30）。ただし、通知時点では正当事由が存在しなくても、通知後に事情が変わって正当事由が具備され、正当事由が具備された状態が事情変更の時点から6か月間継続した場合にも、更新拒絶ないし解約の効果が生じるものとされている（最判昭和41.11.10）（H2721肢2）。

　借地借家法は、同法の規定と比べて借主に不利な特約の効力を否定している。賃

第4編　賃貸借契約

貸借契約の締結と同時に設定される「期間満了時に賃貸借が解約される」旨の特約（H2813肢1）、更新について合意が成立しない場合には、賃貸借契約が期間満了と同時に当然終了する旨の特約（H2813肢4）は、いずれも賃借人に不利な内容であるため、借地借家法30条により無効である。また、本試験では、貸主が死亡したときに賃貸借契約が終了する旨の特約は借地借家法の規定と比べて借主に不利な特約とする立場から、特約の効力を否定する考え方が採用されている（R0521肢イ、R0424肢ア）。

借地借家法の適用がない場合（建物所有目的ではない土地の賃貸借、建物にはあたらない施設の利用契約など）には、賃貸借の更新拒絶は民法の定めに従う。借地借家法は、賃貸借の期間満了における更新拒絶に正当事由が必要としているが、民法上は、正当事由は不要である（H2920肢4、H2721肢4）。

２．解除

(1) 意義

賃借人が賃料支払などの債務を履行しない場合において、賃貸人が相当の期間を定めてその履行の催告をし、その期間内に履行がないときは、賃貸人は、契約の解除をすることができる（民法541条）（信頼関係を破壊していない事情があれば、解除は不可。H2918肢3）。

解除のためには、催告を要する（R0224肢エ）。賃借人がその債務の全部の履行を拒絶する意思を明確に表示したときには、催告をすることなく、直ちに契約の解除をすることができる（民法542条1項2号）（R0525肢ア）。また、債務違反が重大であり、是正の機会を与える必要がないほど賃貸借関係の継続を著しく困難ならしめる不信行為がある場合には、催告をせずとも解除することができるものとされている（最判昭和42.3.30）（H2918肢4、H2725肢4）。

解除の通知は通常は書面によって行われるが、法律上は書面によることは求められていない（R0224肢ウ、R0109肢ア、H3020肢3、H2922肢1、H2818肢3）。

催告と解除をひとつの通知で行う停止条件付きの契約解除も効力が認められる（H3023肢3、H2918肢2、H2725肢2）。賃貸人が複数の場合の解除権の行使は、共有持分の過半数で行う（民法252条前段）。（R0522肢4、H2916肢ウ、H2823肢2）。

なお民法上、賃借人の破産手続開始決定は解除事由ではない（R0225肢3）。

(2) 効力

解除の意思表示は相手方に到達することによって効力を生じる（H2823肢1）。いったん解除の意思表示をした場合には、撤回することはできない（民法540条2項）（H2823肢3）。

賃貸借契約の解除の効果は将来に向かってのみ効力を生ずる（効果は遡らない。民法620条本文）（R0525肢ウ、H2725肢３）。

(3) 特約

賃料の支払いを１か月でも滞納すれば、無催告解除ができるという特約（無催告解除の特約）は、催告をしなくてもあながち不合理ではないという事情が存する場合に限って効力が認められる（最判昭43.11.21判時542号48頁）（R0224肢ア）。一般的にいえば、１回の賃料不払があったことだけを理由として賃貸借契約を解除することはできない（R0525肢イ、H3023肢１、H2823肢４）。

連帯保証人が無催告解除できるという特約は消費者契約法に違反し無効である（消費者契約法10条。最判令和４.12.12裁判所ウェブサイト）（R0507肢イ）。

３．中途解約

(1) 期間の定めがない建物賃貸借

期間の定めがない建物賃貸借の場合は、特約があれば特約に従うが、特約がなければ、中途解約は、

⇒賃貸人からの解約申入は、６か月経過で契約が終了する。正当事由が必要である（R0326肢１、R0228肢４）。
⇒賃借人からの解約申入は、３か月経過で契約が終了する（H2913肢４）。正当事由は不要である。

(2) 期間の定めがある建物賃貸借

期間の定めがある建物賃貸借の場合、特約がなければ、期間中の中途解約をすることはできない（H2913肢１）（例外として、定期建物賃貸借の場合の、賃借人からの居住用建物の賃貸借の解約がある。参考：第４編第５章４．賃借人の解約申入権）。

期間の定めがある建物賃貸借であって、中途解約を認める特約がある場合の取り扱いは、

⇒賃貸人からの解約は、有効性には争いがあり、仮に有効だとしても効力が認められるためには、正当事由が必要とされる（R0326肢１、R0228肢２、H3019肢１）。
⇒賃借人からの解約は、有効である。予告期間の定めがなければ予告期間は３か月となる（民法617条１項２号）（R0228肢１、H3018肢１、H2913肢３）。定期建物賃貸借でも、賃借人からの中途解約を認める特約は有効である（R0113肢エ）。

【期間の定めがない建物賃貸借】

賃貸人からの解約申入	可	6か月経過で契約終了	正当事由必要
賃借人からの解約申入	可	3か月経過で契約終了	正当事由不要

【期間の定めがある建物賃貸借】

特約なし	解約申入	不可 ※例外：居住用の定期借家の賃借人からの解約申入	
特約あり	賃貸人からの解約申入	有効性に争いがある	有効としても正当事由必要
	賃借人からの解約申入	可 ※予告期間の定めなければ3か月 ※定期建物賃貸借でも、賃借人からの中途解約を認める特約は有効	正当事由不要

　　なお、建物所有目的ではない土地の賃貸借（たとえば、駐車場の賃貸借）には、借地借家法は適用されず、賃貸借の解約申入れは、民法の定めに従う。民法上、土地の賃貸借に期間の定めのないときには、各当事者はいつでも解約申入れをすることができるのであり、解約申入れがなされた場合には、解約申入れの日から1年を経過することによって、賃貸借契約は終了する（民法617条1項1号）（H2913肢2）。

4．滅失・使用不能

　　賃借物の全部が滅失その他の事由により使用することができなくなった場合には賃貸借は終了する。履行不能になった原因は問われない（民法616条の2）（H3016肢4）（使用不能についていずれか一方が有責の場合は、別途債務不履行または不法行為による損害賠償の問題として取り扱われることになる）。

　　賃借物の一部が滅失その他の事由により使用をすることができなくなった場合は賃貸借は当然には終了しない。残存する部分のみでは賃借人が賃借をした目的を達することができないときは、賃借人は、契約の解除をすることができる（民法611条2項）。賃借の目的が達成できないとしても、当然に賃貸借が終了するのではなく、解除されてはじめて賃貸借契約が終了する（R0423肢1）。

　　なお、賃借物の一部が使用不能となった場合で、賃借人に責任がないときは、賃料は、使用することができなくなった部分の割合に応じて、当然に減額される（民法611条1項）。賃料減額の請求によって減額されるのではない（R0423肢2）。

第8章 転貸借（サブリース）

▶1. 原賃貸人は、転貸人に対して、直接に賃料を請求することができる
▶2. 原賃貸人が、原賃借人の賃料不払による契約解除をする際には、転借人に対する催告は必要がない
▶3. 原賃貸借が債務不履行解除となった場合、賃貸人は、転貸人に対して、明渡し請求をすることができる。原賃貸借が合意解除となった場合には、賃貸人は、転貸人に対して、原則として明渡し請求をすることはできない

1．概説

　転貸借（サブリース）は、原賃借人（サブリース事業では、サブリース業者）が原賃借人＝原賃貸借契約の当事者として、原賃貸人から物件を賃借し（原賃貸借、マスターリース）、転借人（入居者）に対して賃貸するもの（転貸借）である。原賃借人は原賃貸人の代理人の立場に立つのではなく、自らが転貸借における契約当事者となる（H3009肢1）。原賃貸人と転借人の間には、契約関係は生じない（R0120肢1）。

　転貸借が成立している場合には、転借人は、原賃貸借における原賃借人の履行補助者となる（大阪高判昭和39.8.5）。転借人の故意・過失は原賃借人の故意・過失と同視され、転借人が過失に基づき賃貸物件を毀損した場合、原賃貸人との関係では原賃借人が責任を負う（H2908肢イ、H2819肢2）。

　なお、賃貸借契約は、物件の所有者に無断で契約の締結がなされたとしても、その賃貸借契約（転貸借契約）は、契約当事者の間では契約としては有効である（R0120肢3）。

2．原賃貸人と転借人の関係

　原賃貸人は、転借人に対して、直接に賃料を請求する権利がある。請求できる賃料の額は、原賃貸借の賃料額と転貸借の賃料額のうちの小さいほうの額である（R0120肢2、H2908肢ウ、H2710肢1）。

原賃貸借の賃料額＞転貸借の賃料額　⇒転貸借の賃料額
原賃貸借の賃料額＜転貸借の賃料額　⇒原賃貸借の賃料額

　他方原賃貸人には転借人に対する義務は認められない。転借人から原賃貸人に対しては、直接に修繕を行うように請求することはできないし（H2718肢1）、直接

第4編 賃貸借契約

に敷金返還請求することもできない（R0120肢４、H3009肢２）。また、原賃借人（転貸人）に債務不履行があったときに、原賃貸人が契約を解除するために、転借人への催告が義務づけられるものではなく、原賃貸人は転借人に催告することなく、原賃貸借契約を解除することができる（最判昭和49.5.30、最判平成６.7.18）（R0125肢ア、H2909肢１）。

３．原賃貸借の終了

　転貸借による転借人の地位は、原賃貸借の有効性が前提となる。原賃貸借が終了した場合には、転借人は原則として賃貸人に対して転借権を対抗することができない。たとえば、賃借人の債務不履行によって原賃貸借契約が解除になったときには、転借人は原賃貸人に対して転借権を対抗できず、賃貸人から明渡しを求められた場合にはこれに応じなければならない（R0211肢２、R0125肢ウ、H2710肢２）。原賃貸人が転借人に明渡しを請求したとき、転貸借契約も終了する（最判平成９.2.25）（H3009肢３、H2909肢２、H2710肢４）。

　しかし、転貸がなされている場合には、転借人の生活や営業には保護が必要とされる。そこで、原賃貸借が契約期間満了または解約申入れによって終了した場合には、原賃貸人は転借人にその旨の通知をしなければ原賃貸借の終了を転借人に対抗することができず、通知をした場合においては、転貸借は、通知から６か月を経過することによって終了する（借地借家法34条１項・２項）（R0211肢３、R0125肢エ、H2909肢４）。

　また、原賃貸借を合意解除によって終了させる場合には、合意解除は、転借人に対して対抗することはできず、原賃貸人は転借人に対して明渡しを求めることはできない（R0211肢４、R0125肢イ、H3009肢４、H2909肢３）（ただし、原賃貸借契約が債務不履行解除ができる状況にあれば、合意解除をもって転借人に対抗することができ、原賃貸人は転借人に対して明渡しを求めることができる）。

　原賃貸借契約が終了した場合に賃貸人が転貸人の地位を承継するという特約がある場合には、特約によって転貸人の地位が原賃貸人に移転し、転貸借契約における敷金についても、原賃貸人が承継する（R0211肢１、H2908肢エ）。

第 9 章

特定賃貸借契約の標準契約書

> ▶ 1. 国土交通省は、特定賃貸借契約の標準契約書を策定している
> ▶ 2. 特定賃貸借契約の標準契約書は、共通する標準的な契約内容を定めたものである

　サブリースが事業として行われる場合、原賃貸人と原賃借人（サブリース業者）の間の賃貸借契約（マスターリース契約）が、賃貸住宅管理業法上は、特定賃貸借契約となる。

　特定賃貸借契約の標準契約書（特定賃貸借標準契約書）は、国土交通省が、標準的な契約内容を定めたものである。賃貸不動産経営管理士試験との関係でみたときには、次の条項が重要（過去に出題された条文）である（甲は賃貸人、乙は賃借人）。

第8条（反社会的勢力の排除）
　　甲及び乙は、それぞれ相手方に対し、次の各号の事項を確約する。
　一　自らが暴力団、暴力団関係企業、総会屋若しくはこれらに準ずる者又はその構成員（以下総称して「反社会的勢力」という。）ではないこと。
　二　自らの役員（業務を執行する社員、取締役、執行役又はこれらに準ずる者をいう。以下同じ。）が反社会的勢力ではないこと。
　三　反社会的勢力に自己の名義を利用させ、この契約を締結するものでないこと。
　四　自ら又は第三者を利用して、次の行為をしないこと。
　　イ　相手方に対する脅迫的な言動又は暴力を用いる行為
　　ロ　偽計又は威力を用いて相手方の業務を妨害し、又は信用を毀損する行為
２　乙は、甲の承諾の有無にかかわらず、本物件の全部又は一部につき、反社会的勢力に賃借権を譲渡してはならない。（R0539肢2）

第9条（転貸の条件等）
　　甲は、頭書(8)に記載する転貸の条件に従い乙が本物件を転貸することを承諾する。ただし、乙は、反社会的勢力に本物件を転貸してはならない。
　（R0333肢2。普通賃貸借契約と定期賃貸借契約のいずれにするかも貸主と借主の契約で定められる）（R0441肢2　民泊については、可・否のいず

第 4 編

賃貸借契約

れかを選択し、可の場合に、住宅宿泊事業法に基づく住宅宿泊事業、国家戦略特区法に基づく外国人滞在施設経営事業のいずれかまたは両方にチェックを入れる方式となっている（特定賃貸借標準契約書９条１項、頭書(8)）

2　乙は、前項に定める条件のほか、次の各号に定める内容を転貸条件としなければならない。

一　乙及び転借人は、それぞれ相手方に対し、次のイからニまでに定める事項を確約すること。

　　イ　自らが反社会的勢力でないこと。

　　ロ　自らの役員が反社会的勢力ではないこと。

　　ハ　反社会的勢力に自己の名義を利用させ、この契約を締結するものでないこと。（R0333肢３）

　　ニ　自ら又は第三者を利用して、次の行為をしないこと。

　　　(1)　相手方に対する脅迫的な言動又は暴力を用いる行為

　　　(2)　偽計又は威力を用いて相手方の業務を妨害し、又は信用を毀損する行為

二　転借人は、乙の承諾の有無にかかわらず、本物件の全部又は一部につき、反社会的勢力に転借権を譲渡し、又は再転貸してはならないとすること。

三　転借人は、本物件の使用にあたり、次のイからハまでに掲げる行為を行ってはならないとすること。

　　イ　本物件を反社会的勢力の事務所その他の活動の拠点に供すること。

　　ロ　本物件又は本物件の周辺において、著しく粗野若しくは乱暴な言動を行い、又は威勢を示すことにより、付近の住民又は通行人に不安を覚えさせること。

　　ハ　本物件に反社会的勢力を居住させ、又は反復継続して反社会的勢力を出入りさせること。

四　乙又は転借人の一方について、次のいずれかに該当した場合には、その相手方は、何らの催告も要せずして、転貸借契約を解除することができるとすること。

　　イ　第一号の確約に反する事実が判明した場合

　　ロ　契約締結後に自ら又は役員が反社会的勢力に該当した場合

五　乙は、転借人が第二号に規定する義務に違反した場合又は第三号イからハまでに掲げる行為を行った場合には、何らの催告も要せずして、転貸借契約を解除することができるとすること。（R0333肢３）

3　乙は、転貸借契約から生じる転借人の債務の担保として転借人から交付された敷金について、頭書(9)に記載するとおり、整然と管理する方法により、

自己の固有財産及び他の賃貸人の財産と分別して管理しなければならない。
（R0333肢4）

第10条（乙が行う維持保全の実施方法）
　　乙は、頭書(6)に記載する維持保全を行わなければならない。
2　乙は、頭書(6)に記載する業務の一部を、頭書(6)に従って、他の者に再委託
　することができる。（R0539肢3）
3　乙は、頭書(6)に記載する業務を、一括して他の者に委託してはならない。
4　乙は、第1項によって再委託した業務の処理について、甲に対して、自ら
　なしたと同等の責任を負うものとする。
5　甲は、乙が管理業務を行うために必要な情報を提供しなければならない。
　（R0539肢1、R0441肢3）
6　甲が、第5項に定める必要な情報を提供せず、又は、前項に定める必要な
　措置をとらず、そのために生じた乙の損害は、甲が負担するものとする。
　（R0334肢1）

第11条（維持保全に要する費用の分担）
　　本物件の点検・清掃等に係る費用は、頭書(7)に記載するとおり、甲又は乙
　が負担するものとする。
2　甲は、乙が本物件を使用するために必要な修繕を行わなければならない。
　ただし、頭書(6)で乙が実施するとされている修繕と、乙の責めに帰すべき事
　由（転借人の責めに帰すべき事由を含む。）によって必要となった修繕はそ
　の限りではない。
3　甲が、本物件につき乙が使用するために必要な修繕を行った場合、その修
　繕に要する費用は、次に掲げる費用を除き、甲が負担する。
　一　頭書(7)に掲げる修繕等で乙が費用を負担するとしているもの（R0334肢
　　3）
　二　乙の責めに帰すべき事由（転借人の責めに帰すべき事由を含む。）に
　　よって必要となった修繕
4　前項の規定に基づき甲が修繕を行う場合は、甲は、あらかじめ乙を通じ
　て、その旨を転借人に通知しなければならない。（R0334肢2）この場合に
　おいて、甲は、転借人が拒否する正当な理由がある場合をのぞき、当該修繕
　を行うことができるものとする。
5　乙は、修繕が必要な箇所を発見した場合には、その旨を速やかに甲に通知
　し、修繕の必要性を協議するものとする。その通知が遅れて甲に損害が生じ
　たときは、乙はこれを賠償する。（R0333肢1、R0335肢3。通知は、速や

かに行う必要があり、定期報告による報告だけでは不十分である）

6　前項の規定による通知が行われた場合において、修繕の必要が認められ、甲が修繕しなければならないにもかかわらず、甲が正当な理由無く修繕を実施しないときは、乙は自ら修繕することができる。この場合の修繕に要する費用の負担は、第3項に準ずるものとする。

7　乙は、第10条のほか、災害又は事故等の事由により、緊急に行う必要がある業務で、甲の承認を受ける時間的な余裕がないものについては、甲の承認を受けないで実施することができる。この場合において、乙は、速やかに書面をもって、その業務の内容及びその実施に要した費用の額を甲に通知しなければならない。（R0335肢4）

8　前項により通知を受けた費用については、甲は、第3項に準じて支払うものとする。ただし、乙の責めによる事故等の場合はこの限りではない。

9　乙が頭書(6)に定められている修繕を行うに際しては、その内容及び方法についてあらかじめ甲と協議して行うものとし、その費用は、頭書(7)に記載するとおり、甲又は乙が負担するものとする。（R0333肢1）

第12条（維持保全の内容等の転借人に対する周知）

　　　乙は、頭書(1)の賃貸住宅について自らを転貸人とする転貸借契約を締結したときは、転借人に対し、遅滞なく、頭書(6)に記載する維持保全の内容及び乙の連絡先を記載した書面又は電磁的方法により通知するものとする。（R0334肢4）

第13条（維持保全の実施状況の報告）

　　　乙は、甲と合意に基づき定めた期日に、甲と合意した頻度に基づき定期に、甲に対し、維持保全の実施状況の報告をするものとする。この場合の報告の対象には、頭書(8)に記載する転貸の条件の遵守状況を含むものとする。（R0335肢1。報告は書面で行うことは要しない）

2　前項の規定による報告のほか、甲は、必要があると認めるときは、乙に対し、維持保全の実施状況に関して報告を求めることができる。（R0539肢4、R0335肢2）

3　前二項の場合において、甲は、乙に対し、維持保全の実施状況に係る関係書類の提示を求めることができる。

4　甲又は乙は、必要があると認めるときは、維持保全の実施状況に関して相互に意見を述べ、又は協議を求めることができる。

第17条（通知義務等）

甲は、当該物件の登記内容の変更等、本契約の履行に影響を及ぼすものとして別表第1に掲げる事由が生じた場合には、乙に対して、遅滞なく通知しなければならない。

2　甲は、本物件の住宅総合保険、施設所有者賠償責任保険等の損害保険の加入状況を乙に通知しなければならない。

3　乙は、本契約の履行に影響を及ぼすものとして別表第2に掲げる事由が生じた場合には、甲に対して、遅滞なく通知しなければならない。

第18条（契約の解除）

　　甲は、乙が次に掲げる場合において、甲が相当の期間を定めて当該義務の履行を催告したにもかかわらず、その期間内に当該義務が履行されないときは、本契約を解除することができる。

　一　第5条第1項に規定する家賃支払義務を3か月分以上怠った場合
　　（R0441肢1）

　二　第9条第2項に規定する義務に違反した場合

　三　第11条に規定する乙の費用負担義務に違反した場合

2　甲は、乙が次に掲げる義務に違反した場合において、甲が相当の期間を定めて当該義務の履行を催告したにもかかわらず、その期間内に当該義務が履行されずに当該義務違反により本契約を継続することが困難であると認められるに至ったときは、本契約を解除することができる。

　一　第4条に規定する本物件の使用目的遵守義務

　二　第16条各項に規定する義務

　三　その他本契約書に規定する乙の義務

3　甲又は乙の一方について、次のいずれかに該当した場合には、その相手方は、何らの催告も要せずして、本契約を解除することができる。

　一　第8条第1項各号の確約に反する事実が判明した場合

　二　契約締結後に自ら又は役員が反社会的勢力に該当した場合

　三　相手方に信頼関係を破壊する特段の事情があった場合

4　甲は、乙が第8条第2項に規定する義務又は第9条第1項ただし書に規定する義務に違反した場合には、何らの催告も要せずして、本契約を解除することができる。

第20条（本物件の返還）

　　乙は、本契約が終了する日までに（第18条の規定に基づき本契約が解除された場合にあっては、直ちに）、頭書(1)に記載する住戸部分のうちの空室及びその他の部分について、転貸借に関する通常の使用に伴い生じた当該部分

の損耗及び当該部分の経年変化を除き、乙の責めに帰すべき事由（転借人の責めに帰すべき事由を含む。）によって必要となった修繕を行い、返還日を事前に甲に通知した上で、甲に本物件を返還しなければならない。

2　乙は、前項の返還をするときには、甲又は甲の指定する者に対して、本物件の適切な維持保全を行うために必要な情報を提供しなければならない。

第21条（権利義務の承継）

　　本契約が終了した場合（第19条の規定に基づき本契約が終了した場合を除く。）には、甲は、転貸借契約における乙の転貸人の地位を当然に承継する。
　　（R0441肢4）

2　前項の規定は、転借人について第9条第2項第一号の確約に反する事実が判明した場合又は転借人が同項第二号に規定する義務に違反した場合若しくは同項第三号イからハまでに掲げる行為を行った場合の当該転借人に係る転貸借契約については、適用しない。

3　第1項の規定に基づき甲が転貸借契約における乙の転貸人の地位を承継する場合、乙は、転借人から交付されている敷金、賃貸借契約書、その他地位の承継に際し必要な書類を甲に引き渡さなければならない。

第10章　第三者との関係

▶ 1. 賃料債権が、差し押さえられた場合、賃借人は、賃料を賃貸人に支払うことが禁じられる

▶ 2. 民法では賃借権の対抗要件は登記だが、借地借家法によって、建物の賃借権では建物の引渡しが対抗要件とされている

▶ 3. 賃借人が賃貸借の対抗要件を備えた場合において、その不動産が譲渡されたときは、その不動産の賃貸人たる地位は、その譲受人に移転する

1．賃料の差押え

　賃料債権が、賃貸人の債権者（差押債権者）によって差し押さえられた場合、賃借人は、賃料を賃貸人に支払うことが禁じられる（民法481条1項）。賃借人（第三債務者）は、差押債権者から支払いを求められた場合、差押債権者は、この取立てに応じて賃料を支払わなければならない。賃料債権の差押えの後に賃貸人に対して賃料を支払ってしまうと、賃料の二重払いをせざるを得ない。貸主に賃料を支払ったことを差し押さえ債権者に通知しても、差押債権者に対する賃料支払義務には影響を及ぼさない（R0423肢3）。

　賃料債権が差し押さえられた後に、建物が第三者に譲渡されて建物の所有権が移転し、その後に差押債権者が賃借人に対して賃料を取り立てたときにも、賃借人は差押債権者の取立てに応じなければならない（東京高判平10．3．4判夕1009号270頁）（この場合にも、賃借人は新所有者に賃料を支払うことはできず、新所有者に賃料を支払ってしまうと、賃料の二重払いをせざるを得なくなる）。

　賃貸人が賃借人に賃貸借契約の目的である建物を譲渡し、賃貸人の地位と賃借人の地位が同一人に帰して混同によって賃貸借契約が終了した場合には、特段の事情がない限り、差押債権者は、第三債務者である賃借人から、譲渡後に支払期の到来する賃料債権を取り立てることができなくなる。

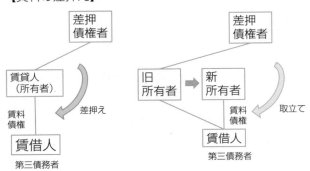

【賃料の差押え】

差押
債権者

賃貸人
（所有者）

賃料
債権

差押え

賃借人

第三債務者

差押
債権者

旧
所有者 ➡ 新
所有者

賃料
債権

取立て

賃借人

第三債務者

２．対抗力

　所有者は、自由にその所有物を処分できる（民法206条）。所有者が賃貸建物を処分するにも賃借人の承諾は不要である（R0526肢ア）。建物を売却した場合の新所有者と賃借人は、対抗関係となる。賃借権に対抗力があれば、賃借人は、新所有者に賃借権を対抗できる。

　民法上は、賃借人は賃借権を登記したときに、新所有者に対抗できるものとされる（民法605条。新所有者が先に登記されれば、賃借権は新所有者に対抗できない）。加えて、借地借家法は、建物の賃借権については、賃借権を登記したときだけではなく、建物の引渡しを受けていれば、やはり新所有者に対抗できるものとした（借地借家法31条１項）（R0425肢ア）。建物の所有者が他に移転した場合に、賃借権は当初の当事者間にのみ存続する旨の特約は、借地借家法31条１項（旧借家法１条１項）に違反するために無効とされている（最判昭41．4．5）（H3015肢１）。

　抵当権者（抵当権が実行された場合の買受人）と賃借権の対抗関係も、抵当権登記と賃借権登記（引渡し）の先後による（R0425肢イ・肢ウ、R0227肢ア）。抵当権登記が先であれば、抵当権が賃借権よりも優先し（R0425肢エ、H2914肢２）、賃借権登記（引渡し）が先であれば、賃借権が抵当権よりも優先する（R0227肢イ、H2914肢３・肢４）。

３．地位の移転

⑴　賃貸人（所有者）Ｘ、賃借人Ｙで、Ｙが対抗力を有しているとき

　　Ｘ➡Ａに所有権譲渡されれば、賃貸人の地位も当然にＸ➡Ａに移転する（Ｙの承諾は不要）（民法605条の２第１項）（R0526肢イ、R0328肢１・肢４）。敷金もＡが引き継ぐ（H2914肢１、H2815肢１）。Ｙが抵当権に賃借権を対抗できる場合（Ｙが差押え債権者に賃借権を対抗できる場合）において、抵当権の実行によって所有権がＸ➡Ａに移転したときも同様である（H2815肢３・肢４）（図表❶）。

AがYに賃料を請求するには、所有権移転登記が必要である（民法605条の2第3項前段）（R0328肢3）。

　X ➡ Aに所有権譲渡されたときでも、AXの間に賃貸借契約があれば、AXの合意によって賃貸人の地位をXに留保することができる（民法605条の2第2項前段）（R0328肢2、R0220肢4）（図表❷）。

　建物が競売で売却され、所有権が移転した場合、賃貸借契約が終了するという特約は、無効である。

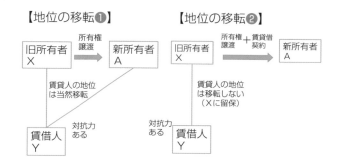

(2) 賃貸人（所有者）X、賃借人Yで、Yが対抗力を有していないとき

　X ➡ Aに所有権譲渡されれば、YはAに賃借権を対抗できない。したがって、賃貸人の地位はX ➡ Aに移転せず（R0425肢エ）、AがYに引渡しを求めた場合には、Yはこれに応じなければならない（ただし、建物引渡猶予の適用はありうる。参考：4．建物引渡猶予）（図表❸）。

　抵当権の譲渡（または強制競売の実行）によって所有権がX ➡ Aに移転したが、Yが抵当権（差押債権者）に対して賃借権を対抗できない場合にも同様である（H2815肢2）。

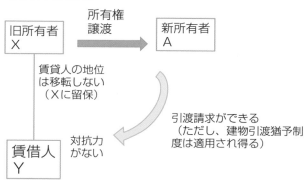

４．建物引渡猶予

　賃借権が、抵当権に劣後する場面などには、賃借人は買受人に賃借権を対抗できない。しかし、賃借人は、建物で生活をしており、直ちに退去しなければならないとするならば、不利益が大きすぎる。そこで、買受人と賃借人の利益を調整するために、引渡しの猶予が認められている。引渡しの猶予が認められるのは、競売手続開始前から建物を使用している賃借人であり、猶予の期間は、買受人の買受けから６か月間である（R0526肢ウ）。

　ここで引渡しは猶予されるが、買受人は賃貸人の地位を引き継ぐものではない。したがって、賃借人は、買受人に対して、敷金の返還を求めることはできない。

　また、引渡しは猶予されるが、建物の無償使用は認めらない。賃借人（建物使用者）は、買受人に対して建物使用の対価を支払う義務を負う（R0227肢ウ）。対価が支払われないとき、相当の期間を定めてその１か月分以上の支払の催告をし、その相当の期間内に履行がない場合には、引渡しの猶予は認められなくなる。

５．賃借権の譲渡

　賃貸人の承諾を得て賃借権が譲渡された場合、旧賃借人の賃貸人に対する権利義務は、新賃借人が承継する。ただし、旧賃借人が預託した敷金については、新賃借人に承継されない（最判昭和53.12.22判タ377号78頁）（R0526肢エ、H3017肢３）。

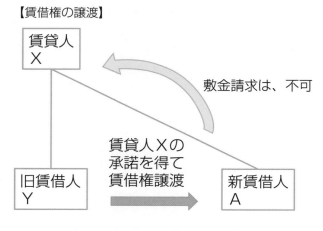

【賃借権の譲渡】

賃貸人
X

敷金請求は、不可

賃貸人Xの
承諾を得て
賃借権譲渡

旧賃借人
Y

新賃借人
A

旧賃借人が預託した敷金は
新賃借人に承継されない

第11章 当事者の死亡

> ▶1. 当事者が死亡しても、賃貸借契約は終了しない
> ▶2. 内縁の配偶者が同居している場合、賃借人が死亡したときは、内縁の配偶者は、賃貸人から立退きを求められても、明渡しを拒むことができる
> ▶3. 賃貸人が死亡し、複数の相続人（共同相続人）がいる場合、相続後に発生する賃料債権は法定相続分に応じ、分割単独債権として各共同相続人に帰属する

1. 当事者が死亡した場合の法律関係

　賃貸借契約において、契約が存続している間に当事者が死亡しても、賃貸借契約は終了しない（R0114肢1・肢2）。相続人がいなくても賃借権は消滅せず、相続財産として、相続財産管理人がその管理をする（民法952条）（R0324肢4、R0114肢2）。

　賃貸人が死亡した場合には、賃貸人の地位が相続人に移転する。複数の相続人がいる場合（賃貸人の地位が共同相続された場合）、相続後遺産分割がなされるまでの間に生じた賃料債権は相続財産ではなく、各共同相続人に、法定相続分に応じ、分割単独債権として確定的に帰属する（最判平成17．9．8判時1913号62頁）（R0420肢3、H3013肢1）。後になされる遺産分割の影響を受けない（H3013肢2）。また、賃貸人の地位が共同相続された後に解除権を行使する場合には、解除権は、過半数の共有持分を有する共有者が行使することができる（全員一致でなくてもよい。民法252条前段）（R0522肢4、H2916肢ウ）。

　賃借人が死亡した場合には、賃借人の地位が相続人に移転する（H2718肢2）。賃借人が死亡し、相続人が複数の場合（賃借人の地位が共同相続された場合）には、賃借人となるのは相続人全員である。その場合には、賃借人の支払うべき賃料は、不可分債務となり、それぞれの賃借人が賃貸人に対して全額の支払債務を負う（大判大正11.11.24）（H2916肢イ）。分割債務となるものではない（R0118肢4、H3013肢3）。

　賃料が支払われないなどの理由によって賃貸人が解除をしようとするときには、複数の賃借人の全員に対して解除の意思表示をしなければならない（民法544条1項）（R0114肢3）。

　なお、公営住宅の使用権は当然に相続されるものではないものとされている（最判平成2.10.18判時1398号64頁）（R0324肢3）。

２．内縁の配偶者が居住している場合

⑴ 内縁の配偶者が居住している賃貸住宅について、賃借人が死亡し、賃借人に相続人がいる場合

　　内縁の配偶者は、賃貸人から立退きを求められたときは、相続人の賃借権を援用し、明渡しを拒むことができる（最判昭和42．2．21判タ205号87頁）（R0324肢1）。

⑵ 内縁の配偶者が居住している賃貸住宅について、賃借人が死亡し、賃借人に相続人がいない場合

　　死亡の当時婚姻または縁組の届出をしていないが、建物の賃借人と事実上夫婦または養親子と同様の関係にあった同居者があるときは、その同居者は、建物の賃借人の権利義務を承継する（借地借家法36条１項本文）。内縁の配偶者が賃借人の地位を承継するから、内縁の配偶者は賃借人として居住を続けることができる（R0324肢２、H3013肢４、H2916肢ア）。

３．死後事務委任

⑴ 背景

　　賃借人死亡時、家財（残置物）の所有権は相続人に相続される。しかし、相続人の有無や所在が分からない場合、賃貸借契約の解除や残置物の処理が困難になる。そのような事情が、単身高齢者に対して賃貸人が賃貸住宅を貸すことを躊躇する理由になっている。

⑵ モデル契約条項の策定

　　令和３（2021）年６月に「残置物の処理等に関するモデル契約条項」（ひな形）が策定された。モデル契約条項は、単身高齢者（60歳以上の者）の入居時（賃貸借契約締結時）の利用が想定されている。

⑶ モデル契約条項の内容

　　モデル契約条項は、単身高齢者である賃借人が、受任者に対し、賃借人の死亡後に賃貸借契約を解除する代理権を授与し、かつ残置物を廃棄し、あるいは指定先へ送付する事務を委任するものである。受任者には、死亡から一定期間が経過し、賃貸借契約が終了した後には、「廃棄しない残置物」とされた物以外のものを廃棄する権限も与えられる。

⑷ 受任者になる者

　　モデル契約条項では、賃借人の推定相続人、居住支援法人、管理業者等の第三

者（推定相続人を受任者とすることが困難な場合）が受任者となる。管理業者が受任者となることも想定されている。賃貸人が受任者とすることは避けるべきであるとされている。

受任者は、受任者は本人との関係で善管注意義務を負うものであって、相続人の意向に沿って事務を処理しなければならない（R0445肢４）。

▶1. 使用貸借は、借主が、貸主の建物を無償で使用する契約である
▶2. 使用貸借では、借主が通常の必要費を負担する
▶3. 貸主が建物の所有権を譲渡した場合には、借主は、新所有者に対して、使用貸借によって建物を使用する権利を対抗することができない

1. 意義

　使用貸借は、他人の建物を無償で使用する契約である（R0115肢3）。賃貸借は、他人の建物を対価を支払って使用する契約だから、使用貸借と賃貸借は、対価を支払うかどうか（有償かどうか）という点において異なっている。

　委託に関しては、賃貸人から明示的に契約等の形式により委託を受けているか否かに関わらず、本来賃貸人が行うべき賃貸住宅の維持保全を、賃貸人からの依頼により賃貸人に代わって行う実態があれば、委託を受けて行うものとなる（「解釈・運用の考え方」2条2項関係1）。

　また、契約成立に関しては、賃貸借も使用貸借も当事者の合意だけで成立する契約（諾成契約）である。いずれも建物の引渡しは契約の成立要件ではない（R0428肢2、R0115肢1）（ただし、使用貸借については、書面によらない場合には、貸主は、借主が借用物を受け取るまで、契約の解除をすることができる。民法593条の2）。

　他方、使用貸借の権利（使用借権）は、登記がなされず、また借地借家法は適用されない（R0115肢2）。そのため、貸主が建物の所有権を譲渡した場合には、借主は、譲受人（新所有者）に対して、使用借権を主張することができない（H2817肢3）。

　貸主は、使用貸借の目的である物を、使用貸借の目的として特定した時の状態で引き渡し、または移転することを約したものと推定される（民法596条、551条）。

2. 費用負担

　使用貸借では、借主は、借用物の通常の必要費を負担する（民法595条1項）（R0428肢4、H2817肢4）（賃貸借では必要費は賃貸人負担である）。

　使用貸借では、借主が改良のために支出した金額その他の有益費については、貸主は建物を返還を受けるにあたって、価値が現存する場合には、借主に償還しなければならない。ただし、裁判所は、貸主の請求によってその償還について相当の期限を許与することができる（民法595条2項・583条2項・196条）。

3．契約終了

　使用貸借では、法定更新はない（R0428肢１、H2817肢２）。使用貸借は、正当事由の有無が問題とされることなく、期間が終了すれば契約は終了するのであり（R0115肢４）、新たな使用貸借契約が締結されない限り、借主は貸主に対して、建物を返還しなければならない。

　貸主が死亡しても使用貸借は存続するが（貸主の地位は、相続人が承継する）、借主が死亡した場合には、特約がない限り、使用貸借は終了する（民法597条３項）（H2817肢１）。

第5編

金銭管理

第1節 賃料の意義

賃借人は、賃料を支払う義務を負う。賃料は、目的物使用の対価である。建物賃貸借の賃料には敷地使用の対価も含まれる（R0420肢2）。目的物の一部が使用できなくなった場合、賃借人に責任がなければ、使用できなくなった部分の割合に応じて、賃料は当然減額になる（民法611条）（H3016肢3）。

賃料の支払義務を負うのは賃借人であるが、賃貸住宅の賃料については、その支払義務は日常家事債務にあたり、同居中の配偶者が連帯債務者となるから（札幌地判昭32.9.18）、賃貸人は、同居中の配偶者に対しても、未払賃料を請求することができる（R0234肢2）。

賃料の支払時期は、特約がなければ当月末払い（後払い）である（R0521肢ウ、H3018肢2、H2919肢イ）。特約があれば特約に従う。多くの賃貸借では、前月末などとする前払いの特約が定められている。

賃料の支払場所は、特約がなければ賃貸人の住所で支払う持参払いである。特約があれば特約に従う。多くの賃貸借で、銀行口座への振込みにより支払うものとされている。

賃料支払が遅延した場合の遅延損害金の利率は、特約がなければ法定利率による（変動制。現在は年3％）（H3018肢4）。特約があれば特約に従う。

弁済の費用は、特約がなければ債務者負担となる（民法485条本文）。賃料の支払いも特約がなければ、支払いための費用は賃借人負担である。しかしこれと異なる特約も認められる。振込みにより賃料を支払う場合の振込み手数料を賃貸人負担とする特約は有効である（H3015肢4）。

賃料債権は、時効により消滅する。時効期間には、「権利を行使することができることを知った時」から5年（主観的起算点）、または「権利を行使することがで

きる時」から10年（客観的起算点）である。通常賃貸人は支払いを知っているから、5年になる（R0420肢1、R0118肢1）。時効は、当事者（消滅時効にあっては、保証人、物上保証人、第三取得者その他権利の消滅について正当な利益を有する者を含む）が時効援用しなければ、裁判所がこれによって裁判をすることができない（民法145条）（R0519肢1、R0423肢4）。

第2節 弁済充当

　債務者が複数の債務を負担している状況で、債務者の給付がすべての債務を消滅させるには足りないものであるとき、その給付によってどの債務を消滅させ、どの債務を残存させるかを決める必要がある。この割振りが弁済充当である。
　弁済充当の割振方法は次のとおりとなる。

> ❶ 充当に関する合意があれば、合意に従う（R0222肢1）
> ❷ 充当に関する合意がない場合、費用、利息、元本の順番（R0222肢3・肢4、R0118肢2）
> ❸ 費用同士、利息同士、元本同士（同じ順位同士）の充当は次のとおりである
> 　・指定充当
> 　・法定充当

(1) 指定充当（民法488条）

　弁済者（賃借人）は、充当すべき債務を指定する。弁済者が指定をしないときは、受領者（賃貸人）が指定する（R0420肢4、R0222肢2）。ただし弁済者が異議を述べられる。

(2) 法定充当（指定がない場合の充当）（同法489条）

> ❶ 弁済期にあるものと弁済期にないものがあるときは、弁済期にあるものに先に充当する
> ❷ すべての債務が弁済期にあるとき（弁済期にない）ときは、債務者のために弁済の利益が多いものに先に充当する
> ❸ 債務者のために弁済の利益が相等しいときは、弁済期が先に到来したもの、または、先に到来すべきものに充当する

第3節 | 供託

　賃借人が賃料を支払えば、債務の履行は完了する。賃貸人が賃料を受け取らなかったとしても、賃貸人が賃料を受け取れる状態を作れば（履行を提供すれば）、債務不履行責任を免れるが、実際に受け取られていなければ、債務は消滅しない。債務を免れるためには、供託が必要である（R0519肢2、H2716肢1）。

　供託をすれば債務者は債務を免れる（R0118肢3）。供託は、❶～❸のうちのいずれかの事由（供託事由）がある場合に認められる（民法494条1項1号・2号、同条2項）。

> ❶　受領拒否（賃貸人が受領を拒む）
> ❷　受領不能（賃貸人が受領できない）
> ❸　債権者不確知（賃貸人が誰なのかが判明せず、そのことにつき賃借人に過失がない）

　たとえば、賃貸人と主張する者が複数名いて、賃借人が過失なく貸主を特定できない場合（R0221肢2）や、債権者死亡後の相続人と称する者の相続権の有無が不明である場合（H2716肢4）は、いずれも❸にあたり、供託が認められる。

　いずれの事由も存しないときには、供託をすることはできない。仮に供託をしても、供託は無効である。たとえば、賃料を受領してもらうことが期待できないというだけでは、供託はできない（R0221肢1）。口座振込の特約がある賃貸借において、賃貸人が自ら直接に賃料を受け取ることを拒んでいるという事情がある場合、賃借人は口座振込によって賃料を支払えばよいのであって、受領拒絶という供託事由をみたさないから、供託はできない（R0519肢3）。

　弁済の供託をした場合には、供託をした者が債権者に供託の通知をしなければならない（民法495条3項）（R0221肢1）。債権者（賃貸人）は、いつでも供託物（賃料）の還付を請求することができる（民法498条）（R0221肢3、H2716肢3）。

第4節 | 賃料増減請求

1. 意義

　賃料が、租税公課の増減、土地建物の価格の上昇下落その他の経済状況の変動、近傍同種の賃料との比較などによって不相当となった場合には、増額または減額を請求することができる。賃料改定は協議により行うとする協議条項が定められている場合であっても、賃料増減請求権を行使することができる（最判昭和56.4.20判時1002号83頁）（R0321肢イ、R0235肢1）。

　賃貸人が複数の場合、賃料増額請求権の行使は、共有物の管理行為とされている（東京高判平成28.10.19）。管理行為は、各共有者の持分の価格に従い、その過半数で決するから（民法252条本文）、過半数の持分を有しない共同賃貸人のひとりが単独で権利行使をすることはできない（R0110肢ア）。

　賃料増減請求権を行使し、その後合意が成立しなかったために訴えを提起しようとする者は、まず調停の申立てをしなければならない（調停前置主義）（H2921肢1、H2726肢1）。調停の申立てをすることなく訴えを提起した場合には、事件は調停に付される（民事調停法24条の2第1項・2項本文）（R0321肢エ）。

2. 効果

　賃料増減請求権は、一方的な意思表示によって効果を生じる形成権である。通知が到達した時点で、相当賃料の額に増額または減額になる。増額または減額の効果は遡及しない（効果は将来に向かって生じる）（R0321肢ア、H2726肢4）。

3. 増減請求権行使後の取扱い

(1) 増額請求

　建物の賃料の増額について当事者間に協議が調わないときは、その請求を受けた者は、増額を正当とする裁判が確定するまでは、相当と認める額の建物の借賃を支払うことをもって足りる（債務不履行にはならない）（借地借家法32条2項本文）。

　ただし、裁判が確定した場合において、すでに支払った額に不足があるときは、その不足額に年1割の割合による支払期後の利息を付してこれを支払わなければならない（同項ただし書）。支払った額が最終的に裁判所によって決定された額に不足する場合には、不足額に年1割の割合による利息を付して支払わなければならないということになる（R0235肢2、R0110肢イ）。支払額が過大である場合には、過払分の返還義務が生じるが、その場合の利息は年1割ではなく、法定利息である。

【増額請求の取扱いと精算】

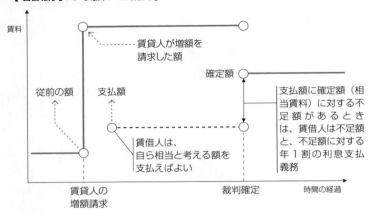

賃料

賃貸人が増額を
請求した額

従前の額　　支払額

確定額

支払額に確定額（相
当賃料）に対する不
足額があるとき
は、賃借人は不足額
と、不足額に対する
年1割の利息支払
義務

賃借人は、
自ら相当と考える額を
支払えばよい

賃貸人の
増額請求

裁判確定

時間の経過

(2) 減額請求

　建物の賃料の減額について当事者間に協議が調わないときは、その請求を受けた者は、減額を正当とする裁判が確定するまでは、相当と認める額の建物の借賃の支払いを請求することができる（借地借家法32条3項本文）。借主から賃料減額請求を受けた貸主は、減額された賃料の支払いのみではなく、自己が相当と考える賃料を請求し、受領することができる（R0321肢ウ）。

　ただし、裁判が確定した場合において、すでに支払いを受けた額が正当とされた建物の借賃の額を超えるときは、その超過額に年1割の割合による受領の時からの利息を付してこれを返還しなければならない（同項ただし書）。支払いを受けた額が最終的に裁判所によって決定された額を超える場合には、その超えた額に年1割の割合による利息を付して返還しなければならないということになる。（R0110肢ウ、H2726肢2）。支払額が不足する場合には、不足額を請求することができるが、その場合の利息は年1割ではなく、法定利息である（R0235肢4）。

【減額請求の取扱いと精算】

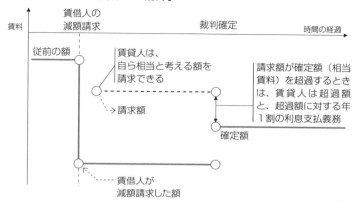

4．特約

普通建物賃貸借では、賃料増額請求をしないという特約（不増額特約）は有効である（借地借家法32条1項ただし書）（R0110肢エ）。減額請求をしないという特約（不減額特約）は無効であり、賃料を減額しない旨の特約があっても、賃借人は賃料の減額を請求することができる（H2726肢3）。

定期建物賃貸借の場合には、不増額特約と不減額特約のいずれについても有効である（R0235肢3、R0113肢ウ、H2921肢2・肢3）。

▶1. 管理業者が内容証明郵便により管理業者名で未払賃料の支払いを求めることは、非弁行為（弁護士法違反）として違法行為となる
▶2. 賃料を滞納した場合、賃貸借契約は直ちに解除され、賃貸人は貸室の鍵を交換することができる」という特約は、公序良俗（民法90条）に反して無効である

1. 賃料請求の適法性・自力救済禁止

賃貸人は、賃借人に対して賃料を請求することができるが、賃料の請求は、適法に行わなければならない。賃借人が任意に賃料を支払わない場合には、賃料債権について確定判決などの債務名義を得て、賃借人の財産に対して強制執行を行い、賃料を回収するというのが、法に則った賃料債権の実現方法である。

「賃料を滞納した場合、賃貸人は貸室の鍵を交換することができる」などの特約は、公序良俗（民法90条）に反して無効である（H2822肢4）。管理業者の違法行為には、賃貸人に使用者責任（民法715条1項）が生じることもある（姫路簡判平成21.12.22）（H2822肢1）。

弁護士・弁護士法人ではない者が他人の法律事務処理を行うことを非弁行為といい、非弁行為は違法行為である（弁護士法72条）。（一社）賃貸不動産経営管理士協議会では、管理業者が賃貸人の代理人として未払賃料の支払いを求め内容証明郵便を送付する行為は、弁護士法に違反する非弁行為であるという立場をとっている（R0123エ、R0127肢ア、H2822肢3）。

2. 公正証書

公正証書は、公証人の作成する文書である。公証人は、法務大臣によって任命され、法務局等に所属する公務員である。公正証書の原本は20年間保管される（公証人法施行規則27条）（H2922肢4）。金銭支払いなどを目的とする公正証書であって、債務者が直ちに強制執行に服する旨の陳述が記載されている場合には、公正証書を債務名義として、金銭債権の強制執行をすることが可能である（民事執行法第22条5号）（R0234肢1）。

なお、明渡請求についてみると、公正証書によって賃貸借契約を締結することもできるが、公正証書による賃貸借契約書では、明渡しの強制執行をすることはできない（R0229肢ア、R0127肢エ、H2922肢3）。

3．内容証明郵便

　内容証明郵便は、いつ、いかなる内容の郵便物を、誰が誰に宛てて差し出したかを郵便局（日本郵便株式会社）が証明するものである（H3023肢2、H2922肢2）。謄本は郵便局に5年間保管される。現在ではインターネットを利用する電子内容証明の仕組みも設けられている。電子内容証明郵便は、24時間受け付けられる。

　内容証明郵便だけでは、到達と到達時期の証明にはならない。配達証明が、到達の有無と到達時期の証明となる。実務上、内容証明と配達証明が併せて利用されている（配達証明付き内容証明郵便）（H2922肢2）。

4．支払命令

　支払命令（支払督促）は、金銭請求のための簡易な裁判手続きである。債権者の一方的申立てに基づきその主張の真偽について実質的な審査をせず、裁判所書記官により発令される（民事訴訟法382条）。利用できるのは金銭請求に限られ、金銭請求以外には使えない。また、公示送達によらずに送達できることが必要である。申立先は相手方の住所地を管轄する簡易裁判所である（この点は、請求金額にかかわらない）。

　支払命令は、主張の真偽について、実質的な審査をせずに発せられる。支払命令に仮執行宣言が付され、これに対して異議の申立てがなければ、仮執行の宣言を付された支払督促が、債務名義となって（民事執行法22条4号）、強制執行を行うことが可能になる（R0127肢イ）。

　支払命令の発令手続きでは、相手方に言い分を申し述べる機会はなく、相手方は不服があれば、異議を申し立てることになる。異議が出されれば通常訴訟となる。通常訴訟の管轄は請求額によって地裁または簡裁となる（R0127肢ウ）。

5．少額訴訟

　少額訴訟は、金銭請求のための簡易な訴訟手続きである。価額が60万円以下の請求に限って利用できる（民事訴訟法368条）（R0511肢1、R0229肢イ）。申立先は簡易裁判所である。同一の簡易裁判所において同一の年に10回までしか利用できないという制限がある。異なる債務者を相手方とするものでも、ひとりの債権者については、年に10回までという制限が課される（H3021肢1）。少額訴訟に異議が出された場合には、同じ簡易裁判所で通常訴訟として審理される（R0127肢ウ、H3021肢4）。

　少額訴訟の審理は、最初の口頭弁論の期日で完了する。即時に取り調べることができるならば、証人尋問も可能である（H3021肢2）。

　少額訴訟における請求認容の判決では、時期の定め・分割払いの定め（判決の言渡しの日から3年を超えない範囲内）をすることができる（H3021肢3）。

▶1．保証契約の成立には書面が必要である

▶2．個人根保証は、極度額を書面で定めなければ契約は成立しない。法人が保証人になる場合には、極度額を定めなくても、保証契約は成立する

▶3．賃貸借契約が更新された後に賃借人が負担する債務も保証の対象になる

1．保証契約の成立

　保証契約は、債権者（賃貸人）と保証人の契約である。債務者（賃借人）は保証契約の当事者ではない。

　保証契約を締結するには書面が必要である（書面行為（電磁的方法も可）。民法446条2項）（H2915肢4）。法人が保証人となる場合であっても、保証契約は書面で行わなければならない（H3014肢4、H3020肢2）。賃貸借契約書中に保証の規定および保証人の署名押印があれば、保証契約の書面性の要件は満たされ、保証契約としても有効である（賃貸借契約書とは別に保証契約書を作成する必要はない）（H2816肢2）。

　元本が特定しておらず、定められた範囲で入れ替わる保証を根保証という。個人が保証人になる根保証（個人根保証）では、極度額（保証すべき金額の上限）の定めが必要である（民法465条の2・446条2項・3項）。個人根保証における極度額の設定にも書面が必要であり、保証契約を書面で締結しても、極度額の合意が書面によってなされなければ、個人根保証の保証契約は成立せず、効力がない（R0427肢イ、R0226肢エ）。法人が保証人になる場合には、極度額を定めなくても、保証契約は成立する（R0327肢ウ）。

　なお個人保証の設定には極度額の設定が必要というのは民法改正によって定められたルールであって、令和2年4月1日より前に締結された個人保証であれば、極度額が設定されていなくても、保証人に対して請求をすることが可能である（R0234肢4）。

　賃貸人は、極度額を超えて連帯保証人に請求をすることはできないが、極度額の範囲内であれば、請求の回数や累計額は制限されない（R0234肢3）。

　保証人は、自己のすべての財産をもって債務実現のための責任を果たさなければならない（R0327肢イ）。

　賃貸借契約と保証契約は別の契約である。賃貸借契約が更新されても保証契約は

更新されない（R0427肢ア）。

２．保証契約の特質

保証契約には、(1)付従性、(2)随伴性、(3)補充性という３つの特質がある。

(1) 付従性

付従性は、❶成立における附従性（主債務が存在しない限り、保証は成立しない）、❷消滅における附従性（主債務が消滅すれば、保証は消滅する）、❸内容における附従性（主債務よりも内容が重くなることはない）という３つの意味内容をもつ概念である。連帯保証にも付従性がある（H3014肢１）。

(2) 随伴性

随伴性は、賃貸人の地位が移転した場合にも保証は存続し、新賃貸人との関係で保証債務を負うという意味である（R0226肢ア、H2915肢３）。

なお、随伴性は債権者が移転する場面の問題である。債務者が変更する場面は随伴性が問題とされる場面ではなく、債務者が変更した場合には、従前の保証の効力は新債務者の債務には及ばない（R0327肢エ）。

(3) 補充性

補充性とは、保証人が、❶催告の抗弁権（主債務者に対して先に請求するよう求める権利）、および❷検索の抗弁権（主債務者に対して先に執行するよう求める権利）（R0226肢イ）の２つを有するという特質である。

連帯保証には補充性はない（連帯保証人は❶と❷の２つの抗弁権をいずれも有しない）（R0327肢ア、H2915肢２、H2822肢２）。

３．保証人が担保する債務の範囲

保証債務は、主たる債務に関する利息、違約金、損害賠償その他その債務に従たるすべてのものを包含する（民法447条１項）。賃貸借契約が更新された後に生じた賃借人の債務（最判平９.11.13判タ969号126頁）（H3014肢３、H2915肢１、H2816肢１）、契約が解除された場合の明渡遅延による賃料相当損害金（H2816肢３）、原状回復義務（H2919肢ア）等も、保証の対象となる（H3014肢２）。

賃借人の死亡は賃貸借契約の終了原因ではないから、賃借人が死亡した場合には相続人が賃借人の地位を承継する。相続人が負う賃料債務についても保証の対象である（H2816肢４）。

4．根保証の元本確定

　根保証において、一定の時点で主たる債務を特定させることを、元本の確定という。元本が確定した場合、その後に生じた債務は保証の対象ではなくなる。

　個人根保証では、次のとおり元本確定事由が定められている（法人根保証では、確定事由にはならない）。

(1)　保証人について、❶強制執行等、❷破産（破産手続開始決定）、❸死亡の事由が発生した場合
(2)　主債務者（賃借人）が死亡した場合（R0427肢エ）
(3)　主債務者（賃借人）について、❶強制執行等、または❷破産の事由が発生したことは元本確定事由にはならない。

【元本確定事由】

	❶強制執行等 ❷破産	❸死亡
保証人	元本確定 ○	元本確定 ○
主債務者 （賃借人）	元本確定 ×	元本確定 ○

5．情報提供

　保証に関しては、保証契約締結時と保証契約締結後に、保証人に対する情報提供（説明）の義務が定められている。

　すなわち、まず第1に、保証契約締結時には、事業のために債務負担する場合には、賃借人から、保証人に対して、説明がなされなければならないものとされている。ここで説明義務を負うのは賃借人であり、説明の相手方は保証人である。説明内容は、賃借人の財務内容、他の債務の額や履行状況などである。この説明義務は、事業のための賃料債務の保証に限られる。賃借人に説明義務違反があり、賃貸人が説明義務違反を知り得た場合には、保証人は保証契約を取り消すことができる。

　次に第2に、保証契約締結後には、保証人から求められた場合には、賃貸人は、保証人に対して、情報提供をしなければならないものとされている。ここで情報提供義務を負うのは賃貸人、情報提供の相手方は保証人であり、情報提供の内容は、賃借人が賃料を支払っているかなどの債務履行状況である（R0427肢ウ、R0226肢

ウ）。情報提供の相手は、個人の保証人に限らない。法人の保証人に対しても情報提供が必要である。もっとも、この情報提供義務は、賃借人から委託を受けて保証がなされた場合にかぎられる。賃借人から委託を受けずに保証をしている保証人に対しては、情報提供義務はない。

6．家賃債務保証業

(1) 家賃債務保証業を営む者は、国土交通大臣の登録を受けることができる（家賃債務保証業者登録規程３条１項)、登録を受けた登録事業者に関する登録簿が一般の閲覧に供される（同規程８条）（R0346肢２）。

(2) 家賃債務保証業者が賃借人による賃料不払に関して保証債務を履行していても、信頼関係が破壊されたものとされ、賃貸人による賃貸借契約の解除が認められる場合がある（大阪高判平成25.11.22-2013WLJPCA11226006）（R0525肢エ、H2725肢１）。

第4章 会計関係

1. 企業会計原則

　企業会計原則は、企業会計の実務の中に慣習として発達したものの中から、一般に公正妥当と認められたところを要約したものである。法令によって強制されるものではないが、企業がその会計を処理するにあたっては、企業会計原則に従わなければならない（R0422肢1）。

　企業会計原則は、(1)一般原則、(2)損益計算書原則、(3)貸借対照表原則の3つから構成される。

(1) 一般原則

　一般原則は企業会計原則の最高規範であり、損益計算書、貸借対照表のいずれにも共通する原則である（R0422肢2）。次の①～⑦の原則から成り立つ。

① 真実性の原則

　企業の財政状態および経営成績に関して、真実な報告を提供するものでなければならない。

② 正規の簿記の原則

　すべての取引につき、正規の簿記の原則に従って、正確な会計帳簿を作成しなければならない（R0422肢3）。

③ 資本・利益区分の原則

　資本取引と損益取引を明瞭に区分し、特に資本剰余金と利益剰余金を混同してはならない。

④ 明瞭性の原則

　利害関係者に対し必要な会計事実を明瞭に表示し、企業の状況に関する判断を誤らせないようにしなければならない。

⑤ 継続性の原則

　処理の原則および手続を毎期継続して適用し、みだりにこれを変更してはな

らない（R0422肢3）。

⑥　保守主義の原則

　　財政に不利な影響を及ぼす可能性がある場合には、これに備えて適当に健全な会計処理をしなければならない。

⑦　単一性の原則

　　種々の異なる目的のために異なる形式の財務諸表を作成する必要がある場合、それらの内容は、信頼しうる会計記録に基づいて作成されたものであって、政策の考慮のために事実の真実な表示をゆがめてはならない。

(2)　損益計算書原則

　　会計期間における企業の経営成績を示す損益計算書を作成するための具体的な処理基準である。実現主義、発生主義、費用収益対応の原則などが採用されている。

(3)　貸借対照表原則

　　期末における企業の財政状態を示す貸借対照表を作成するための具体的な処理基準である。

２．複式簿記

　　複式簿記とは、取引における２つの側面について同時に帳簿に記入する記帳の方式である。複式簿記は、仕分けから成り立つ。仕訳は左の「借方」と右の「貸方」で構成される。借方の合計と貸方の合計は一致する。企業会計では、複式簿記が用いられる。

（例）集金時

（借　方）	（貸　方）
現金（資産）100,000	預り家賃（負債）100,000

　　簿記を流れとしてみると、

❶取引を伝票と帳簿に記入→　❷決算整理前試算表の作成→　❸決算整理→　❹決算整理後試算表の作成→　❺損益計算書・貸借対照表（財務諸表）の作成

という作業となる（簿記一巡の手続き）。

3．損益計算書と貸借対照表

　企業会計においては、損益計算書が一会計期間の経営成績を明らかにする役割、貸借対照表が期末における財政状態を明らかにする役割を担っている。

　貸借対照表と損益計算書の構成と、それぞれの内訳項目（勘定科目）は、概要次のとおりとなる。

(1)　貸借対照表

資産　　（収益獲得に貢献する財産）	負債　　（将来財産減少（支払い）が生じるもの
【勘定科目】　　現金、預金、預け金、未収入金、前払金、固定資産（土地、建物）など	【勘定科目】　　預り家賃、借入金、預り金、未払金、前受金など

(2)　損益計算書

費用　　金銭等の財産が減少する要因　　費用の発生により、資本は減少	収益　　金銭等の財産が増加する要因　　収益の発生により、資本は増加
【勘定科目】　　外注費、清掃費、給与、消耗品費、水道光熱費、旅費交通費など	【勘定科目】　　管理手数料収入、仲介手数料収入　　更新事務手数料収入など

純資産　　資産から負債を差し引いて算出されるもの　　正味の財産を意味する
【勘定科目】　　資本金、資本剰余金、利益剰余金

４．発生主義

　企業会計においては、損益計算書によって一会計期間の経営成績を明らかにすることになるが、損益計算書は、費用と収益を対応させて経営成績を示すものであって、費用と収益をどの時点で認識するかを決める必要がある。収益費用の認識時点については、現金主義（現金の入出金が生じた時点）と発生主義（収益または費用の発生時点）が考えられる。このうち、取引を適正に処理するには発生主義を採用するべきだとされている（R0422肢４）。

　発生主義の適用例として、令和５.12.31を会計年度末とする場合の管理手数料収入と清掃費の計上時期をみると、次のとおりとなる。

●令和６年１月分の管理手数料収入が令和５年12月に入金された場合	⇒令和６年度の収益
●令和６年１月分の清掃費を令和５年12月に支払った場合	⇒令和６年度の費用

５．地代家賃等の経理処理

　地代家賃等の収入は、次の時期に計上すべきものとされている。

⑴　地代・賃料

●契約、慣習により支払日が定められているもの	⇒契約、慣習による支払日
●支払日が定められていないもののうち、請求により支払うべきもの	⇒請求の日
●支払日が定められていないもののうち、その他のもの	⇒実際に支払いがあった日

⑵　礼金・権利金・更新料等

●賃貸物件の引渡しを要するもの	⇒引渡しがあった日（契約の効力発生日も可）
●賃貸物件の引渡しを要しないもの	⇒契約の効力発生日
●敷金・保証金のうち返還を要しないもの	⇒返還しないことが確定したとき

第6編

賃貸住宅の維持保全

▶ 1. 共同住宅も定期調査・定期検査の対象となる
▶ 2. 簡易専用水道は１年に１回検査を行い、検査結果を保健所に報告しなければならない
▶ 3. 長期修繕計画については、その精度を高めるために、実際にその建物で行われた工事を反映したり、類似事例を参考にして、数年ごとに内容の見直しを行うべきである

1. 建築物を適法な状態に維持する義務

建築物の所有者、管理者または占有者は、その建築物の敷地、構造及び建築設備を常時適法な状態に維持するように努めなければならない（建築基準法8条）。建物管理者にも維持保全の義務が課される（R0315肢1）。

2. 定期調査・検査

建築基準法には、多数の人が利用する建築物のうち、政令および特定行政庁が指定した特定建築物（デパート、ホテル、病院、共同住宅など）、昇降機、昇降機以外の建築設備および防火設備は、定期的にその状況を有資格者に調査・検査させて、その結果を決められた報告様式により特定行政庁報告することが義務づけられている（定期報告制度。同法12条）（R0409肢イ、H3029肢1、H2830肢1）。

共同住宅も定期調査・定期検査の対象となる。対象となる共同住宅は、一般的には地階あるいは地上3階以上の階にその用途に供する部分が200㎡を超えて存在する建物、またはその用途に供する部分の床面積の合計が300㎡以上の建物である（建築基準法施行令16条。地方自治体により基準は多少異なる）（R0315肢2）。

定期調査・検査の義務を負うのは、所有者または管理者（所有者と管理者が異なる場合には管理者）である（R0409肢ウ）。対象は、敷地、構造および建築設備である（R0409肢ア、R0315肢3）。

建築基準法に基づく定期調査・検査を行うには、資格が必要である。特定建築物について行うべき調査・検査については、1級建築士、2級建築士、または、特定建築物調査員が行わなければならない。1級建築士でなくとも、2級建築士、または、特定建築物調査員であれば、特定建築物の調査・検査を行うことができる（H3029肢2）。

定期報告制度による調査・検査報告（建築基準法12条）には、「特定建築物定期調査報告」、「防火設備定期検査報告」、「建築設備定期検査報告」、「昇降機等定期検

査報告」がある。

⑴ 特定建築物定期調査報告

　調査の主な内容は、敷地、構造、防火、避難である（H3029肢３）。用途や規模によって１年に１回または３年ごとに１回行うことになっている。共同住宅が特定建築物である場合には、３年ごとに１回行わなければならない（R0409肢エ、H3029肢４）。

⑵ 防火設備定期検査報告

　検査報告の対象は、防火設備である。１年に１回行うことになっている（R0409肢エ）。

⑶ 建築設備定期検査報告

　検査報告の対象は、換気設備（火気使用室・無窓居室）、排煙設備、非常用の照明装置、給排水衛生設備（ビル管法・水道法で指定する設備を除く）である（R0315肢４）。１年に１回行うことになっている（R0409肢エ）。

⑷ 昇降機等定期検査報告

　検査報告の対象は、エレベーター（ホームエレベーターは除く）、エスカレーター、小荷物専用昇降機（テーブルタイプは除く）である。１年に１回行うことになっている（R0409肢エ）。年１回、昇降機定期点検報告書を特定行政庁に提出しなければならない（建築基準法12条３項、同法施行規則６条１項）（H2832肢３）。

３．各種の法定の点検

⑴ 水道

① 専用水道

　専用水道は、水道事業者の水道以外の水道で、100人を超える者に水を供給する水道である。残留塩素の測定を毎日行わなければならない。基準は0.1mg/ℓである。

② 簡易専用水道

　簡易専用水道は、水道事業者の水道と専用水道以外の水道で、水道事業から供給を受ける水のみを水源とし、水槽の有効容量の合計が10㎥超の水道である。１年に１回検査を行わなければならない。検査結果は知事（保健所）への報告義務がある（R0506肢３）。

③ 貯水槽水道

貯水槽水道は、水道事業者から受ける水のみを水源とし、水をいったん水槽に貯めた後、建物に飲み水として供給する施設であって、水槽の有効容量が10㎥以下のものである。

水道法による規制を受けず、条例によって規制されている。

(2) 浄化槽

下水道のない地域では、「し尿浄化槽」を設けて汚水を浄化し、河川等に放流しなければならない（建築基準法31条2項）ため、浄化槽設備が設置される。浄化槽については、設置後等使用開始後3か月を経過した日から5か月の間に水質検査を行う義務がある（R0506肢1）。設置後は、1年に1回定期的な水質検査を行い、4か月に1回以上の保守点検を行わなければならない。検査結果については、知事への報告義務がある（R0506肢1）。

(3) 電気設備

事業用電気工作物のうち、マンション、ビル、工場等に設置される工作物を自家用電気工作物という。自家用電気工作物は、日常の巡視・点検に加え、1年に1回の定期点検、および2～5年に1回の精密点検が義務づけられている。

4．修繕計画・修繕履歴

(1) 長期修繕計画

物は時間の経過により必ず劣化（性能や機能の物理的・科学的要因による低下）が生じる。劣化に対応するには、計画的に修繕を実施する必要がある。性能や機能が失われたときに場当たり的に修繕や取替えを行うのではなく、計画的に修繕を行っていくことは、不測の事態による多額の出費を避け、また、入居率の確保にもつながり、結果的には建物を長持ちさせることになる。

長期修繕計画とは、長期的な視野に立ち、いつ・どこを・どのように・どれだけの金額で修繕するのかの計画をまとめたものである。賃貸住宅経営においては、長期修繕計画を策定して維持管理コストを試算し、維持管理費用を賃貸経営の中に見込まなければならない（R0317肢1、R0237肢3、H3039肢4）。

修繕計画の立案には、建物の各部位を観察して劣化の有り様を調べ、その状況を把握することが必要である。物の本来予定された利用期間などと現実の状況を踏まえたうえで、計画を立て、そのうえで修繕を実施するべきである。定期的に建物の劣化を調べて状況把握することによって、不具合を見逃さず、適時の対応が可能になる。（H3039肢2）。修繕計画については、精度を高めるために、実際にその建物で行われた工事を反映したり、類似事例を参考にして、数年ごとに内容の見直しを行う必要もある（R0317肢2）。

計画修繕を着実に実施していくためには、資金的な裏づけを得なければならない（R0317肢3）。将来の修繕実施のために計画的に資金を積み立てる必要がある。中・長期的にみれば、修繕計画による的確な修繕の実施により、賃借人の建物に対する好感度が上がり、結果的に入居率が上がり、賃貸経営の収支上プラスに働く（R0317肢4、H3039肢1）。

(2)　修繕履歴

　無駄や無理のない日常管理や計画修繕のためには、現状を客観的に把握することが前提となる。建物の履歴情報の利用によって、費用の無駄を省き、効率的合理的な修繕を実施することができる（R0314肢1、R0237肢1・肢2・肢4）。災害が発生した場合にも、正確な住宅履歴情報を利用することにより、復旧のための迅速かつ適切な対応が可能となる（R0314肢3）。

　賃貸借契約締結等の判断材料となり得る履歴情報が、賃貸借の意思決定時に適切に提供され、透明性が高まることで、入居後のトラブル防止にもつながる（R0314肢2）。

　なお、新築や維持管理において発生する建物の履歴情報は、建物に附随するものとして、建物所有者に帰属するものであるが、蓄積と利用の実効性を確保するためには所有者から管理委託を受けている管理受託者が保管し、必要に応じて利用するべきである（R0314肢4）。

(3)　予防保全・事後保全

　予防保全は、点検や保守により前兆を捉え、故障や不具合が生じる前に適切な処置を施すことを内容とする保全である（H2830肢2）。予防保全においては、現場の劣化状況と収支状況を考え合わせ、法定耐用年数にとらわれることなく必要に応じて機器を交換することが求められる（H2830肢4）。

　事後保全は、事故や不具合が生じてから修繕等を行う保全である（H2830肢3）。

▶ 1．耐震改修には、3つの方法がある
▶ 2．耐震診断とは、建物に必要とされる耐力と、現に保有している耐力を比較し、大地震の際にどの程度の被害を受けるかを評価・判定することである
▶ 3．耐震改修促進法により、一部の建物について耐震診断が義務づけられている

1．基礎・構造

　基礎とは、建物の基礎上部の建物に加わる力を地盤に伝える部分である。基礎には直接基礎と杭基礎があるが、❶建築物が軽く、❷地盤が良好で地耐力（地盤が荷重を支える力）が高い場合に、杭を用いず、直接基礎を利用することができる。

【建物の基礎】

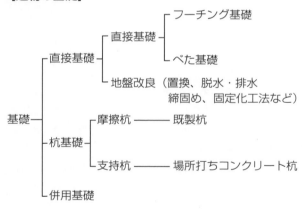

2．建築構造

　建築構造には、ラーメン構造と壁式構造がある。

　ラーメン構造は、柱と梁を一体化した骨組構造である。鉄筋コンクリート造の建物では一般にラーメン構造が多く用いられている（R0412肢2、H2738肢1）。

　壁式構造は、柱・梁を設けず、壁体や床板など平面的な構造体のみで構成する構造方式である。一般に剛な構造となる（H2738肢2）。

【建築構造】

【❶ラーメン構造】

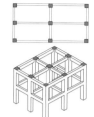

【❷壁式構造】

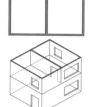

出所： （一社）賃貸不動産経営管理士協議会「令和6（2024）年度版　賃貸不動産
　　　管理の知識と実務」（471頁）

3．建築工法

　主な建築工法には、次のものがある。

⑴　木造在来工法

　日本の伝統的な木造住宅の工法である。太い断面の部材を使用した土台、柱、
梁などの骨組みで主要構造部を構成する。補強金物を使用することもある。
　木造の建物は、他の構造に比べて、建物重量を軽くすることができ、施工もし
やすく設計の自由度が高い半面、防火性能や耐火性能において劣っている
（H2838肢1）。

⑵　枠組壁工法（ツーバイフォー工法）

　2インチ×4インチ等の木材と構造用合板を用い、床によって構成された壁式
構造の工法である（R0139肢イ）。長所としては、木造なので建物の重量が軽く
施工がしやすい。短所としては、防火、耐火性能において劣ることがあげられ
る。

⑶　プレハブ工法

　構成部材を事前に工場製作し、現場では部材の組立てだけを行う工法である。
軽量鉄骨プレハブ構造と軽量コンクリート組立工法がある（ツーバイフォー工法
も広い意味ではプレハブ工法）。長所としては、コストと品質の安定、工期短縮、
省力化ができる（R0139肢ア）。短所としては、設計の自由度が低いことがあげ
られる。

(4) **CLT 工法**

　ヨーロッパで開発された木質系工法である。繊維方向で直交するよう板を張り合わせたパネルを用いて床、壁、天井（屋根）を構成する（R0412肢3）。長所としては、耐震性・断熱性・遮炎性に優れている（R0412肢3）。短所としては、価格が高く、雨水浸入のおそれがあることがあげられる。

(5) **鉄骨造（S造）**

　鉄骨による骨組みをつくる工法である。比較的軽量なので高層建物に利用される。鋼材の加工性が良く、工期を短くすることができるというメリットがあり、また省力化が可能である（H2838肢3）。

(6) **鉄筋コンクリート造（SR造）**

　鉄筋とコンクリートにより主要構造部を形成する工法である。鉄筋には、錆びる、熱に弱いという短所があり、コンクリートは、乾燥収縮しやすく、コンクリートの乾燥収縮によって、ひび割れが発生しやすい、引張力に弱いという短所がある（R0412肢1）。SR造は鉄筋とコンクリートの弱点をそれぞれが補い合う構造である。

　他方で工事費が高く、工期が長くなるという短所もある。また、建物重量が重いことから、地震によって大きな影響を受ける可能性がある（H2838肢2）。

(7) **鉄骨鉄筋コンクリート造（SRC造）**

　鉄骨を取り巻くように鉄筋を配置して型枠で囲み、コンクリートを流し込んで一体化させる構造である。鉄筋コンクリート造と同様の長所を有するが、さらに施工の難易度が高く、長い工期が必要となる（H2838肢4）。

(8) **壁式鉄筋コンクリート造**

　柱がなく、耐力壁、床スラブ、壁ばりによって、水平力と鉛直加重を支える構造である。建物に柱や梁の形が出てくることがなく、空間を有効に使えるという長所があり、低層集合住宅で使われている（R0412肢4）。建設可能な建物の階数、高さ等、また、単位面積当たりの必要壁量や厚さが法令で規定されている（R0139肢ウ）。

4．耐震改修

(1) **耐震改修の種類**

　耐震改修（耐震構造）には、①耐震構造、②制振（制震）構造、③免震構造の3つの種類がある。

① 耐震構造

　　建物の骨組みを強化し、地震の揺れに対して耐える構造である。

② 制振（制震）構造

　　制振（制震）部材を設置し、建物に入った地震力を吸収して、振動を低減、制御する構造である（R0546肢1）。地震力が建物に入りにくくする仕組みではない（H2738肢3）。大地震でも中地震程度に振動を低減（70～80％に低減）することができる。軽くてやわらかい建物に有効であって、塔状の建物においては、風揺れ対策にも効果が発揮できる（R0546肢2、H2738肢3）。

③ 免震構造

　　建物と基礎の間にクッション（免震ゴムとダンパー）を設け、地震の揺れを直接に建物に伝わりにくくして、建物の揺れを低減する構造である（R0546肢3）。免震装置として機械装置が使われる。機械装置については、地震時に有効に稼動するかどうかの定期的な点検が必要となる（R0546肢4、H2738肢3）。

【耐震構造、制振（制震）構造、免震構造図表】

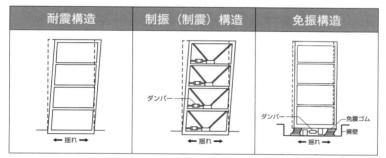

出所：（一社）賃貸不動産経営管理士協議会「令和6（2024）年度版　賃貸不動産管理の知識と実務」（489頁）

(2) 木造等の場合の耐震改修の方法

　　木造等（木造、軽量鉄骨造）の場合には、耐震改修の方法として、基礎と土台、柱と梁を金物で緊結して補強すること（R0313肢1）、耐震改修の方法として、既存壁を構造パネルなどで補強すること、開口部を筋かい等で補強することが考えられる（R0313肢2）。また、地震力を吸収する制震装置（ダンパー）を取り付けることは、木造等にも効果がある（R0313肢3）。

(3) 耐震改修促進法による耐震診断の義務等

　　特定既存耐震不適格建築物の所有者は、耐震診断を行い、その結果、地震に対

する安全性の向上を図る必要があると認められるときは、耐震改修を行うよう努めなければならない（耐震改修促進法14条）（H2929肢2）。共同住宅である賃貸住宅については、3階以上・床面積1,000㎡以上であって、建築基準法の耐震規定に適合しない場合に特定既存耐震不適格建築物に該当する（耐震改修促進法14条、同法施行令6条）（H2929肢3）。所管行政庁は、特定既存耐震不適格建築物の耐震診断及び耐震改修の適確な実施を確保するため必要があると認めるときは、特定既存耐震不適格建築物の所有者に対し、特定既存耐震不適格建築物の耐震診断及び耐震改修について必要な指導及び助言をすることができる（耐震改修促進法15条1項）（H2929肢4）。

5．耐震診断等

(1) 耐震性の歴史

建築基準法は建築物の耐震性に関する基準を定めているが、その基準は、大地震が発生し、多大な被害を被ったことなどを契機として、制度が進展してきた。まず、1968年には十勝沖地震があり、多くの建物が被害を受けた。1971（昭和46）年に建築基準法施行令が改正になり、主に鉄筋コンクリート造の柱のせん断設計法が変更になった（R0512肢1）。

次に1978年には宮城県沖地震があり、多くの建物が被害を受けた。これを受けて、1981（昭和56）年に建築基準法の耐震基準が大幅に改正された。この法改正の内容が新耐震設計法（新耐震基準）といわれる（R0512肢2）。

新耐震基準は、

中地震（震度5程度。数十年に一度遭遇）に対し、ほとんど損傷しない
大地震（震度6〜7程度。数百年に一度遭遇）に対し、建物が倒壊しない

基準となっている。

2013年（平成25年）に建築物の耐震改修の促進に関する法律（耐震改修促進法）が改正され、一部の建物について耐震診断が義務づけられた（R0512肢2）。

共同住宅である賃貸住宅においては、耐震診断を行うことが、努力義務とされた（耐震改修は必要に応じて行う）（R0512肢4）

(2) 耐震診断

耐震診断は、建物に必要とされる耐力と、現に保有している耐力を比較し、大地震の際にどの程度の被害を受けるかを評価・判定することである（H2929肢1）。

鉄筋コンクリート造の建物についての診断には、3つの段階があり、

●１次診断	図面を中心として、柱や壁の面積を計算
●２次診断	柱や壁の強度を計算して強固さや粘り強さを判断
●３次診断	梁も判断要素として建物全体としての総合的な耐力を判断

である。

　都道府県または市町村が耐震改修促進計画に記載する避難路の沿道について
は、既存耐震不適格のブロック塀等も、耐震診断が義務づけられている（R0307
肢２、R0126肢ア）。

(3)　応急措置判定等

①　応急危険度判定

　応急危険度判定は、被災直後に、地震により被災した建物およびその周辺に
ついて、余震等による倒壊の危険性等を速やかに調査し、使用制限の要否を判
定する制度である。通常は地方自治体の依頼によって行われる（R0129肢１）。
外観の調査を中心として（内部の調査を行わずに）、判定される（R0129肢３）。

　応急危険度判定では、人命に及ぼす危険の度合い（危険度）について、「危
険」「要注意」「調査済」の３ランクに区分される。それぞれ、「危険」（赤色）、
「要注意」（黄色）、「調査済」（緑色）のステッカーで表示される（R0129肢２）。

②　被災度区分判定

　被災度区分判定は、継続使用のための復旧の要否を判定することである。内
部に立ち入って調査がなされる。建物所有者の依頼によって行われる。

③　り災証明書

　り災証明書は、市町村長が、家屋の財産的被害程度（全壊、半壊など）を証
明するものである。保険の請求や税の減免などに用いられる（R0129肢４）。

【被災の後の取扱い】

応急危険度判定	●被災直後、使用制限の要否を判定、地方自治体の依頼
	●外観から判定
	●危険（赤）、要注意（黄）、調査済（緑）のステッカーで表示
被災度区分判定	●継続使用のための復旧の要否を判定
	●内部に立ち入り調査、建物所有者の依頼による
り災証明	●市町村長が、家屋の財産的被害程度（全壊、半壊など）を証明
	●保険の請求や税の減免などに用いられる

６．居室

　建築基準法上、居室とは、居住、執務、作業、集会、娯楽その他これらに類する目的のために継続的に使用する室をいう（建築基準法２条４号）。便所は居室ではない（R0312肢１）。

　居室に関しては、採光規定、内装制限、換気規定、シックハウス対策、天井高、防火区画、避難規定など、建築基準法に基づく最低限のルールが定められている。

７．天井高等

　居室の天井高は2.1m以上でなければならない（R0248肢１）。天井の高さが異なる、傾斜しているなどの場合、平均が2.1m以上になる必要ある（建築基準法施行令21条１項）（R0248肢２）。

　天井高が1.4m以下、階の床面積の１／２未満の小屋裏物置（ロフト）は、床面積に算入されず、建築物の階数の算定対象とはならない（R0248肢３）。ただし、小屋裏物置は居室として使用することはできない（R0248肢４）。

８．採光規定

　居住のための居室では、床面積の１／７以上の採光に有効な開口部が必要である（建築基準法28条１項本文、同法施行令19条３項）（R0128肢３）。ただし、住宅でも有効な照明設備の設置など、採光を確保する措置がとられている場合は、１／10までの範囲で緩和することが認められる。

　襖など常に開放できるもので間仕切られた２つの居室は、採光規定上、１室とみなすことができる（R0128肢４）。

９．アスベスト

　アスベスト（石綿）とは、天然の繊維性ケイ酸塩鉱物の総称である。溶融点が高く、熱絶縁性、耐薬品性に優れているうえ、耐久力があり、しかも安価であることから、かつては建物の外壁材、内装材、断熱材、防音材や工業製品、船舶・鉄道の部材などに、多く用いられていた（H3028肢１）。

　アスベストは、吸い込んで肺の中に入ると、肺がん・中皮腫・肺線維症（じん肺）など、人命にかかわる健康被害を引き起こすおそれがある（H3028肢２）。建築材料としてアスベストを使用したり、アスベストが含まれる建築材料を使用することは禁止されている（H3028肢３）。

　アスベスト含有が禁止される前に使用されていた建築材料の撤去や内装改修等に伴う仕上材を撤去する場合には、建築材料のレベル区分によって撤去方法、仮設養生などが厳密に定められている。令和５年10月１日着工の工事からは、建築物の解体等の作業を行うときは、工事の規模に関わらず、「建築物石綿含有建材調査者」、

または令和５年９月30日までに日本アスベスト調査診断協会に登録された者による事前調査が必要となっている（石綿障害予防規則３条４項）。

　さらに、令和５年10月１日着工の工事からは、事前調査を行ったにもかかわらず、解体等対象建築物等について石綿等の使用の有無が明らかとならなかったときは、石綿等の使用の有無について、分析調査を行わなければならないものとされている。分析調査については、「石綿分析調査者」により行う必要がある（石綿障害予防規則３条６項）。

▶ 1. 居室には開口部を設け、その換気に有効な部分の面積は、その居室の床面積に対して、20分の1以上としなければならない

▶ 2. 換気には、自然換気と機械換気がある。機械換気をどのように利用するかによって、換気方式には3つの方式がある

▶ 3. 居室を有する建築物は、シックハウス対策として、その居室内において化学物質の発散による衛生上の支障がないように、建築材料および換気設備を技術基準に適合させなければならない

1. 換気

(1) 開口部

　居室には換気のための窓その他の開口部を設け、その換気に有効な部分の面積は、その居室の床面積に対して、20分の1以上としなければならない。ただし、政令で定める技術的基準に従って換気設備を設けた場合においては、この限りでないとされている（建築基準法28条2項）（R0312肢2）。

　換気のための開口部設置の定めに関しては、ふすま、障子その他随時開放することができるもので仕切られた2室は、換気などの規定の適用については、1室とみなされる（建築基準法28条4項）（R0312肢3）。

(2) 換気の方式

　換気の方式には、自然換気と機械換気がある。

　自然換気方式は、室内と室外の温度差による対流や風圧等、自然の条件を利用した換気方式である。機械換気と異なり、換気扇や送風機等の機械が不要なので、騒音がなく、経済的という長所があるが、安定した換気量や換気圧力は期待できないという短所がある（R0514肢1、R0319肢1、R0132肢1、H2940肢4、H2739肢1）。

　機械換気方式は、換気扇や送風機等の機械を利用して、強制的に換気する方式であり、自然換気に比べ、必要なときに安定した換気ができるという長所があるが、他方で電気などのエネルギー源がなければ稼働しない（R0514肢2、H2940肢2）。機械換気の設備としては、給気ファン、排気ファン、給排気ダクト、ルーフファン、排気塔、設備用換気扇等がある（H2839肢1）。

　新築建物（および既存建物に増築工事をする場合）はごく一部の例外を除いて、建材の揮発性有機化合物を排除するため、24時間稼働する機械換気設備の設

置が義務づけられている（建築基準法施行令20条の8、居室を有する建築物の換気設備についてのホルムアルデヒドに関する技術的基準）（R0319肢4、H2940肢1、H2839肢4）。

　換気は、外から新鮮な空気を取り込む給気と、室内の空気を排出する排気がある。換気方式には、機械（ファン）をどのように使うかによって、3つの方式に分けられる。

① 第1種換気方式

　　給気、排気ともに機械換気による方式である（給気機と排気機が使われる）。セントラル空調方式の住宅、機械室、電気室などに採用される（建築基準法施行令129条の2の6第2項）（R0319肢2、R0132肢3、H2839肢3、H2739肢2）。

② 第2種換気方式

　　給気のみ機械換気とする方式である。給気機が設置されて室内に空気が供給されるから、室内は正圧になる（R0132肢2）。外からの汚れた空気が入らない。他方で室内の空気が汚染されていれば、他の部屋に汚染空気が流れていくことになる（その意味で住宅には不向き）。室内へ清浄な空気を供給する必要がある、製造工場など限られた建物で使用される（R0319肢3）。

③ 第3種換気方式

　　排気に機械を使い、給気には機械を使わない方式である。室内が負圧になる。他の部屋に汚染空気が入らないために、台所、浴室、便所、洗面所等のように、燃焼ガス、水蒸気、臭気等が発生する部屋に採用される。多くの住宅で採用されている（R0514肢3）。給気には機械を使わないために、給気の取入れが不十分になることがあり、室内と室外で圧力の差が生じ、ドアや窓の開閉が困難になったり、風切り音が発生する等の障害が生じることがある（R0514肢4、H2739肢3）。

【3つの換気方式】

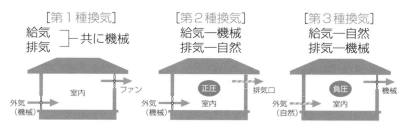

2．シックハウス

　新築住宅やリフォームされた住宅に入居した人に、目がチカチカする、のどが痛い、めまいや吐き気がする、頭痛がするなどといった症状が起こることを、シックハウス症候群という。シックハウス症候群の原因は、ホルムアルデヒドや VOC（トルエン、キシレン等の揮発性の有機化合物等）と考えられており、これらの原因物質は建材や家具、日用品等から室内に発散される（R0415肢１、R0132肢４、H2940肢３、H2729肢４）。

　居室を有する建築物は、シックハウス対策として、その居室内において化学物質の発散による衛生上の支障がないように、建築材料および換気設備を技術基準に適合させなければならない（建築基準法28条の２）（H3028肢４、H2729肢１）。このシックハウス対策は、建築工事だけでなく、中古住宅に増改築・大規模な修繕・大規模な模様替えを行う場合にも適用される（R0414肢２、H2729肢２）。内装仕上げに使用する木質建材（合板、フローリング等）、壁紙、ホルムアルデヒドを含む断熱材、接着剤、塗料、仕上げ塗材等に関しても、ホルムアルデヒドを発散する建材が規制される（R0415肢４、H2729肢３）。

　また、技術基準に従った換気設備、または、床面積の１/20以上の換気に有効な開口部が必要とされる（技術的基準に従って換気設備を設けた場合には、開口部の設置義務は課されない）。さらに、居室を有する新築建物においては、ごく一部の例外を除いて、揮発性有機化合物（VOC）を除去するために、24時間稼働する機械換気設備の設置が義務づけられている（建築基準法施行令20条の８）（R0415肢２、H2739肢４）（なお、天井裏、床下などからの居室へのホルムアルデヒドの流入を防ぐための規制はなされていない（R0415肢３））。

3．建築材料の規制

　建築基準法による技術基準では、居室を有する建築物を建築する際には、建築材料について、クロルピリホスおよびホルムアルデヒドを含む建築材料の使用が制限される。

　ホルムアルデヒドを発散する建築材料は、発散速度性能に応じて「第１種」から「規制対象外」まで４つの種別に区分され、居室の内装仕上げ材として、使用面積の制限等が規定されている。「規制対象外」の仕上げは使用制限がなく、F☆☆☆☆（エフ・フォースター）という大臣認定のシックハウス対策ラベルを当該建築材料に貼ることができる。

4．常時換気設備の設置義務

　規制化学物質が非常に少ないものを使用した建築物であったとしても、持ち込まれた家具からホルムアルデヒド等の化学物質が発散される可能性がある。そのた

め、居室には常時換気設備（24時間換気設備）を設置しなければならないとされている。

　必要とされるのは、一般の居室で0.5回/ｈ以上（１時間にその部屋の空気の0.5、すなわち半分以上が新しい空気と入れ替わるという意味）、廊下や便所で0.3回/ｈ以上の換気である。

第4章 屋根・外壁・防水

> ▶1. 陸屋根では、風で運ばれた土砂が堆積したり、落ち葉やゴミが樋や排水口をふさいだりすると屋上の防水面を破損しかねず、漏水の原因になる
> ▶2. コンクリート自体の塩害・中性化・凍害・鉄筋発錆に伴う爆裂などが発生する可能性があるので点検が必要である
> ▶3. エフロレッセンスとは、素材中のセメントの石灰等が水に溶けてコンクリート表面に染み出し、空気中の炭酸ガスと化合して白色を呈する現象である

1．屋根・外壁

⑴ 屋根

屋根には、傾斜屋根と陸屋根がある。

傾斜屋根は、カラーベスト等を用い、傾斜をもたせた屋根である。屋根表面にコケ・カビ等が発生したり、塗膜の劣化による色あせ・錆など美観の低下、さらに夏場日差しによる表面温度の上昇、冬場の気温低下による表面温度の低下などを繰り返すことにより、素地自体が変形、ゆがみなどを起こし、割れや雨漏りなどが発生する場合がある（R0316肢2）。

陸屋根は平坦な軀体部（スラブ）に防水を施し、水勾配、排水溝、排水管を設けて雨水を排水する屋根である。表面の塗膜の劣化などは、素地自体が変形、ゆがみなどを起こし、割れや雨漏れなどの発生につながる。おおむね、10年前後に1回表面塗装をする必要がある（R0516肢1、R0238肢2）。また、傾斜角度が小さいので、風で運ばれた土砂が堆積したり、落ち葉やゴミが樋や排水口（ルーフドレイン）をふさいだりすると屋上の防水面を破損しかねず、漏水の原因になる（R0316肢1、R0238肢3）。

⑵ 外壁の種類

① サイディング

サイディングは、壁材に板状のパネルを貼り付けた外壁である。壁材としては、木・コンクリートが使われ、パネルの素材（外装材）としては、アルミ、スチール、セメントが使用される。

② タイル貼り

タイル貼りの外壁は、壁材の表面にタイルを張り付けたものである。壁材と

しては、木・コンクリートが用いられる。工法として、アルミ下地に乾式タイルを張り付ける場合もある。

モルタルによってタイルが付着している場合には、下地のコンクリートとモルタルとの付着力によって外壁の安全を保っており、付着力が下がると剥落事故の原因となる。点検によって付着状態を確認しなければならない（R0238肢4）。

タイル張りの外壁では原則竣工後10年ごとに全面打診または赤外線調査などの方法による調査、診断を行わなければならない（R0316肢4）。

③　モルタル塗り

モルタル塗りの外壁は、壁材の表面にモルタルを塗り、表面に吹付け材等の塗装を施したものである。壁材としては、木・コンクリートが使われる。

④　コンクリート打ち放し

コンクリート打ち放しの外壁は、外壁の上にモルタルを塗らずに仕上げた外壁である。耐水性等の向上のため、撥水剤を塗装する。

コンクリート自体の塩害・中性化・凍害・鉄筋発錆に伴う爆裂などが発生する可能性があるので点検が必要である（R0316肢3、R0238肢1）。またコンクリート打ち放しの場合の汚れやコケ・カビの発生、塩害中性化などは、単に美観上の問題ではなく漏水の原因になったり、建物の寿命を縮めたりする。定期的な点検が必要となる（R0516肢3）。

(3)　外壁に生じる不具合

①　白華現象

白華現象は、素材中のセメントの石灰等が水に溶けてコンクリート表面に染み出し、空気中の炭酸ガスと化合して白色を呈する現象である（R0417肢イ）。エフロレッセンスともいう。外壁面の浮きやひび割れ部に雨水などが浸入したことなどにより生じる。

②　白亜化

白亜化は、塗装やシーリング材などの表面で、顔料などがチョーク（白墨）のような粉状になってあらわれる現象である（R0417肢イ）。チョーキングともいう。紫外線・熱・水分・風等によって劣化することから生じる。

③　ポップアウト

ポップアウトは、塗装膜など、コンクリート表面の小さい一部分が円錐形のくぼみ状に破壊された現象である。コンクリートの骨材が内部で部分的に膨張し、一部が劣化して生じる。

④　剥落欠損

剥落欠損は、タイルなどの一部が剥げ落ちることである。

屋上や屋根の防水部材の劣化や破損、コンクリートの構造部材のクラックや破損等は、雨水の浸入の原因となる。これらへの対応は、部分的な補修では再発を防止することができないことが多い。全面的な補修が必要になる（R0416肢1）。

2．漏水

漏水については、(1)屋上や屋根・庇からの漏水、(2)中間階（外壁や出窓やベランダ）からの漏水、(3)出窓、ベランダ、バルコニー、換気扇設置箇所からの漏水、(4)雨水以外の水の漏水がある。漏水の水の種類を特定することは、発生源を探るための重要な手がかりとなるのであって、漏水が発生した場合には、原因調査の重要性が高い（R0239肢4）。

(1) 屋上や屋根・庇からの漏水

屋上や屋根・庇からの漏水は、防水部材の劣化や破損、コンクリート等構造部材のクラックや破損、雨水排水設備の不良等によって生じる（R0515肢ア、H2939肢1）。

陸屋根は傾斜がないから、土砂、落ち葉、ゴミが屋根のうえにたまりがちである。風で運ばれた土砂が堆積したり、落ち葉やゴミが樋や排水口（ルーフドレイン）をふさぎ、屋上の防水面が破損されることがある（R0516肢2）。

カラーベスト等の傾斜屋根は、経年によって屋根表面にコケ・カビ等が発生したり、塗膜の劣化による色あせ・錆など美観の低下が生じるから表面塗装が必要である。おおむね、10年前後が経過したときに行うものとされている（R0516肢1）。

(2) 中間階（外壁や出窓やベランダ）からの漏水

中間階（外壁や出窓やベランダ）からの漏水は、タイルのはがれやクラック、目地やコーキングの劣化によって生じる（R0416肢2、H2939肢2・肢4）。

(3) 出窓、ベランダ、バルコニー、換気扇設置箇所からの漏水

出窓、ベランダ、バルコニー、換気扇設置箇所からの漏水は、出窓の屋根と外壁との取り合い箇所やサッシ周りから生じる。ベランダ・バルコニーは、完全防水でなく、ウレタンの塗膜等の簡易な防水の場合が多く、簡易な防水の場合には、漏水しやすい。また、換気扇の設置箇所も漏水が生じやすい部分である（R0416肢4）。

雨樋では落ち葉やほこりが蓄積すると、縦樋の詰まりや、降雨時のオーバーフローが生じ、オーバーフローした雨水が、軒天や破風に回り、軒天や破風に水がたまったり、湿気を帯びる。これを放置すると、建物全体の劣化を早めることに

なる（R0515肢エ）。

⑷　雨水以外の水の漏水

　雨水以外の水の漏水について発生源は、被害の生じた部屋の上階が多く、上階部屋や横系統バルブを閉めて給水を遮断して、発生源を特定することが必要になる（R0239肢2）。洗濯水の溢れ、流し台や洗面台の排水ホースの外れ、トイレの詰まりを放置したことによる漏水など不注意による漏水が生じることもある（R0515肢ウ）。

　給水管や排水管については、メンテナンスや更新を怠ると漏水が生じる（R0515肢イ）。給水管の保温が不足している場合には、給水管の内部の飲用水と外気の温度差によって結露が生じ、結露が水漏れの原因となることがある（R0239肢1）。

POINT

▶1. 消防用設備等には点検が必要である。点検には、機器点検と総合点検がある

▶2. 火災には、A火災（普通火災）、B火災（油火災）、C火災（電気火災）の種類がある

▶3. 防火区画は火災の拡大を防ぐために建築物に設ける区画であり、防火区画となる壁・床は、耐火構造の壁・床としなければならない

【建築基準法による規制】

階段	●共同住宅の階における居室の床面積の合計が100㎡（耐火構造・準耐火構造の場合は200㎡）を超える場合 ➡階から避難するための**直通階段が2つ以上必要** ➡主要構造部が**準耐火構造**または**不燃材料**の場合、**直通階段に至る歩行距離を**50m以下（その他の場合は30m以下）としなければならない ●直上階の居室の床面積200㎡を超える階 ➡階段の幅120cm 以上 ●屋外階段 ➡階段の幅90cm 以上
廊下	●共同住宅の住戸の床面積の合計が100㎡を超える階の廊下の幅 ➡廊下の片側だけに居室のある場合には1.2m以上 ➡廊下の両側に居室のある場合には1.6m以上

1．消火用設備

消防用設備等は、Ⅰ．消防の用に供する設備（消防用設備）、Ⅱ．消防用水、Ⅲ．消火活動上必要な施設に分類できる。

消防用設備は、万が一火災が発生した場合に安全を確保するために機能するものである。建物に火災が発生したとき、火災の感知、報知、連絡、通報、消火、避難及び誘導が安全かつ迅速にできること、ならびに消防隊活動を支援することを目的として設置されている（H2831肢2）。消防用設備には、❶消火設備、❷警報設備、❸避難設備がある（消防法施行令7条1項）。避難設備には、a．避難器具、b．誘導灯およびc．誘導標識がある（H2831肢4）。

消防用設備等には点検が必要である。点検には、機器点検と総合点検がある（消防法17条の3の3、同法施行規則31条の6、平成16年5月31日消防庁告示第9号）。

機器点検は、機器の外観、機能および作動状況の確認であり、その周期は6か月に1回である。

総合点検は、設備全体の作動状況を確認する点検である。総合点検は、その周期は1年に1回、共同住宅の場合は3年に1回である（消防法17条の3の3、同法施行規則31条の6、平成16年5月31日消防庁告示第9号）。

いずれの点検も、結果を所轄の消防長または消防署長宛に届け出なければならない（R0506肢4）。

2．火災・消火器の種類

火災は、A火災（普通火災、木材、紙、繊維などが燃える火災）、B火災（油火災、石油類その他の可燃性液体、油脂類などが燃える火災）、C火災（電気火災、電気設備・電気機器などの火災）に分けられる。

消火器は、火災の種類にあったものとなっており、それぞれに色分けされている。

> ❶ A火災　白マーク
> ❷ B火災　黄マーク（H2732肢2）
> ❸ C火災　青マーク

なお、一般家庭用の消火器は、どの火災にも対応できるもの（ABC消火器）である。

住宅用消火器は薬剤の詰め替えができない構造となっている。住宅用消火器の使用期限についてはおおむね5年となっていて、使用期限を過ぎた消火器は破裂による人身事故の危険があることから、速やかに新しい消火器に取り替えなければならない（H2931肢3）（なお、業務用消火器の使用期限についてはおおむね10年）。

3．火災報知設備

住宅には、自動火災報知設備やスプリンクラー等が設置されていない場合には、住宅用火災報知器を設置しなければならない（H2732肢4）。住宅を含む複合用途建物の防火対象物については、住宅部分に住宅用火災警報器を設置しなければならない（消防法9条の2）（H2931肢1、H2831肢1）。

自動火災報知設備には、a．熱感知器とb．煙感知器がある。

熱感知器には、❶定温式スポット型と❷差動式スポット型がある。定温式スポット型は、火災の熱により、一定の温度以上になると作動する（H2732肢3）。作動する温度は75℃や65℃に設定されたものが多い。差動式スポット型は、周囲の温度

の上昇率が一定の率以上になったときに作動する。すなわち、火災の熱によって急激に温度が上がると作動し、食堂や駐車場等、煙や排気ガスが多量に流入する場所に設置されるものである。

煙感知器には、❶イオン式スポット型と❷光電式スポット型がある。イオン式スポット型は、機器の中のイオン電流が煙によって遮断されると作動するタイプ（H2831肢3）、光電式スポット型は、煙の微粒子による光の反射を利用して作動させるタイプである。

熱感知器と煙感知器の反応の早さを比較すると、煙感知器のほうが、熱感知器よりも早く反応する。

4．避難

(1) 直通階段

共同住宅では、その階における居室の床面積の合計が100㎡（耐火構造・準耐火構造の場合は200㎡）を超える場合は、その階から避難するための直通階段（その階から直接外部に避難できる階に直通している階段）を2つ以上設けなければならない（建築基準法施行令120条）（R0312肢4、H2928肢2）。直通階段については、建築物の避難階以外の階については、居室の各部分からその一に至る歩行距離に制限が加えられている（R0413肢ア）。

共同住宅では、6階以上の階でその階に居室を有するものについては、原則、直通階段を2つ以上設けなければならない（建築基準法施行令121条1項6号イ）（R0413肢イ）。

主要構造部が準耐火構造または不燃材料の場合、直通階段に至る歩行距離を50m以下（その他の場合は30m以下）としなければならない。なお、主要構造部とは、壁、柱、床、はり、屋根または階段をいう。間柱、小ばり、ひさし、屋外階段等は、主要構造部ではない（R0513肢4）。

直上階の居室の床面積200㎡を超える階（または居室の床面積の合計が100㎡を超える地下の階）では、階段の幅は120cm以上、それ以外は75cm以上が必要である（建築基準法施行令23条1項）（H2928肢3）。

屋外階段の幅は90cm以上にしなければならない（建築基準法施行令23条1項）（H2928肢4）。

(2) 廊下

共同住宅の住戸の床面積の合計が100㎡を超える階の廊下の幅は、廊下の片側だけに居室のある場合（片側廊下）には1.2m以上、廊下の両側に居室のある場合には1.6m以上にしなければならない（建築基準法施行令119条）（H2928肢1）。

(3) 非常用照明

　建築物の各室から地上へ到る避難通路となる廊下や階段には、非常用照明（バッテリーを内蔵した照明器具で、停電時に自動的に点灯するもの）を設置しなければならない（建築基準法35条、同法施行令126条の４）（R0413肢ウ）。

(4) 避難道路沿道のブロック塀

　避難道路沿道のブロック塀などの除去・改修等については、各地方公共団体による支援制度が創設されている。ブロック塀などの所有者等に対して、耐震診断や除去・改修等を行う場合、防災・安全のための助成金の制度を活用することができる（R0307肢２）。

5．防火

(1) 防火区画

　防火区画は火災の拡大を防ぐために建築物に設ける区画である（建築基準法施行令112条）。賃貸住宅管理業者は、火災を防ぎ、かつ火災発生時に避難を阻害することがないように、日常的な維持管理においては、防火区画のための防火設備の機能を阻害されることがないよう、配慮をしなければならない（R0513肢２）。

　防火区画となる壁・床は、耐火構造の壁・床としなければならない（建築基準法36条）。また区画を構成する部分に開口部を設ける場合には、防火扉や防火シャッターなどの防火設備としなければならない（R0414肢１）。

　防火区画には、区画の設定の仕方によって、面積、高層、竪穴、異種用途の４つの基準（種類）がある（R0513肢３）。

(2) 界壁

　共同住宅では、耐火性能を高め、または隣接する住戸からの日常生活に伴い生ずる音を衛生上支障がない程度に低減するため、小屋裏または天井裏まで達する構造の界壁を設けなければならない（建築基準法30条、令和２年２月27日　国土交通省告示第200号）（R0414肢１）。

(3) 内装制限

　建築基準法により、火災による建物内部の延焼を防ぐために内装材料などに内装制限を加えている（建築基準法35条の２、同法施行令128条の３の２〜129条）（R0513肢１）。内装制限は、新築時だけでなく、既存建物における入居者入替時の原状回復工事や入居工事による内部造作工事も対象である（R0414肢１）。

第6章　給水設備

1. 給水の方式

(1) 共同住宅における給水の方式

共同住宅における給水の方式には、直結直圧方式、直結増圧方式、高置（高架）水槽方式等がある。

① 直結直圧方式

水道水が末端の水栓まで直結で給水される方式で、水槽やポンプを介することなく、各住戸に給水される。給水本管が断水した場合には住宅内にも水が供給されなくなる（R0547肢4、R0318肢1）。

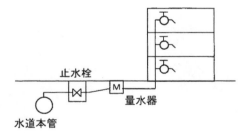

② 直結増圧方式

水道水を増圧給水ポンプで加圧して直接給水する方式。水道本管から引き込んだ上水を増圧給水ポンプで各住戸へ直接給水する（H2930肢2）。マンションやビルのうち、中小規模の建物で採用される（H2930肢2）。定期的なポンプの検査が必要である（R0130肢1）。

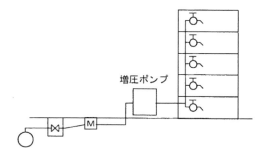

③　高置（高架）水槽方式

　水道水をいったん受水槽に貯め、これをポンプで屋上や塔屋等に設置した高置水槽に汲み上げたのち、自然流下で給水する方式（R0240肢1）。受水槽と高置水槽を利用するため、水道本管の断水時や、停電時でも一定の時間なら給水することが可能である（R0130肢4）。

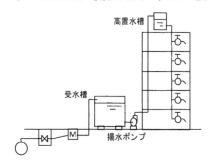

(2)　室内の配管の方式

　室内の配管の方式として、さや管ヘッダー方式がある。洗面所等の水回り部に設置されたヘッダーから管をタコ足状に分配し、各水栓等の器具に単独接続する方式である。同時に2か所以上で使用しても水量や水圧の変動が少ないのはさや管ヘッダー方式の長所であり、給水および給湯のための配管方式として広く用いられている（R0318肢2、R0240肢2）。

(3)　給水配管

　給水配管には、赤水が発生したり、腐食障害が生じたりしないように、樹脂ライニング鋼管・ステンレス鋼鋼管・銅管・合成樹脂管などが使用されている（R0547肢2）。

　鋼管は、塩ビなどの合成樹脂管と比較すると、強靱であり、衝撃に強い。耐火性においても鋼管が優れ、合成樹脂管が劣っている。他方で塩ビなどの合成樹脂

管については、ほとんどの酸・アルカリ・塩類等に侵されないという耐食性（耐薬品性）があり、軽量なため施工性もよいが、反面、温度の変化によって伸縮するという弱点がある（R0130肢3、H2930肢4）。

２．給水に関する不具合

⑴ 逆サイホン現象

飲料水配管内に外部の汚れた水（一度吐水した水や飲料水以外の水）が吸い込まれる（逆流する）現象である（R0130肢2）。飲料水の汚染の原因となる。

⑵ クロスコネクション

飲料水の給水・給湯系統の配管とその他の系統の配管が配管・装置により直接接続される状況である。外部の汚れた水（一度吐水した水や飲料水以外の水）が飲料水配管へ逆流し、飲料水の汚染の原因となる（R0547肢3）。

⑶ ウォーターハンマー現象

給水管内の水流を急に締め切ったときに、水の慣性で管内に衝撃と高水圧が発生する現象である。器具の破損や漏水の原因となる（R0547肢1）。

３．受水槽の管理・点検

受水槽は水面の調節（液面制御）が必要である。液面制御は、小規模受水槽では、ボールタップの浮力で弁の開閉を行い吐出水量を制御する方法による。大容量の受水槽では、定水位弁を利用し、副弁の開閉により主弁を動作させる方法によって行われる。

ボールタップや電極棒が使われている場合、故障すると、水槽の水位を把握できなくなり、給水ポンプが常時作動する状態、又は給水ポンプが停止する状態を生じさせる（H2930肢3）。

また液面制御リレーや電極棒は、受水槽や高置水槽の液面レベルを常時監視し、異常時（オーバーフロー管からの水溢れ、減水した状態でポンプを空転させるなどの場合）には満水・減水警報が発報し、故障を知らせるなどの仕組みとなっている。

飲料用水槽については、内部には、飲料水の配管以外の配管設備を設けてはならない。また天井、底または周壁は、建物の躯体と兼用してはならない（1975（昭和50）年建設省告示第1597号第1第2号）。水槽内の水の汚染を調査できるようにするためである（6面点検。R0318肢3）。

4．給湯の方式

給湯の方式には、①局所給湯方式と、②中央（セントラル）給湯方式がある。

① 局所給湯方式

　　給湯系統ごとに加熱装置を設けて給湯する方式である。各住戸や各室ごとに壁掛け式ガス給湯器や深夜電力利用の電気温水器など加熱装置を設置し、台所流し、風呂場、洗面所などに配管で給湯する（R0240肢3、H2930肢1）。

　　最近の住宅では、ヒートポンプ式給湯器や家庭用燃料電池（エネファーム）を設置する例などが多くなっている。家庭用燃料電池は、水素と酸素から電気と熱をつくって熱源とするものである。大気から集めた熱を利用して湯を沸かすヒートポンプの原理を利用するものではない。ヒートポンプの原理を利用する給湯のシステムはエコキュートである（R0240肢4）。

② 中央（セントラル）給湯方式

　　建物の屋上や地下の機械室に熱源機器（ボイラーなど）と貯湯タンクを設け、建物各所へ配管して給湯する方式で、ホテルや商業ビルなど規模の大きな建物で採用される（H2930肢1）。

第6編

賃貸住宅の維持保全

１．排水の種類

賃貸住宅の排水には、❶汚水、❷雑排水、❸雨水の３つがある

❶ 汚水……トイレの排水
❷ 雑排水……台所、浴室、洗面所、洗濯機等の排水
❸ 雨水

公共下水道には、❶～❸を同じ下水道管に合流して排水する合流式と、❸雨水用の下水道管を❶❷とは別に設けて排水する分流式がある（R0418肢ア）。

２．排水設備

(1) 建物内の排水設備

建物内の排水設備は、雑排水管（洗面器や流しからの排水を流す）、汚水管（便器からの排水を流す）、それらを一時的に貯留する雑排水槽や汚水槽、排水ポンプなど、および通気配管で構成されている。

(2) 排水トラップ

排水トラップは、下水道と接続されている排水管の途中に設置される、下水の一部を残留させる部分である。設置の目的は、少量の水（封水）を残留させ、下水臭や虫、小動物が室内に侵入するのを防ぐことにある。防臭トラップ、封水トラップともいう。

排水トラップは、サイホン式トラップ（管トラップ）と非サイホン式トラップ（隔壁トラップ。ドラムトラップ、わん（ベル）トラップがある）とに分類される。手洗いや洗面台には管トラップが多く、キッチンや浴室の防水パンには、封水の安定度が高いことから、ドラムトラップや、わん（ベル）トラップが使われる（R0517肢１、R0131肢２）。

１系統の排水管に対し、２つ以上の排水トラップを直列に設置することを二重トラップという。トラップを二重に設けると排水の流れが阻害されるので、二重

トラップの状況を生じさせてはならない（R0418肢イ）。

(3) 破封・封水深

　　破封とは、排水管内の圧力変動によって、トラップの封水が流出したり、水を長期間使用しなかったため排水がなされず、トラップの封水が蒸発してしまう現象である。破封が生じると排水トラップが機能を果たさず、下水臭が室内に流入するなどの弊害が生じる（R0517肢2、R0418肢ウ）。

　　封水深は、排水トラップの封水の深さである。50mm以上100mm以下が必要となる。浅いと破封しやすく、深いと自浄作用がなくなる（R0131肢1）。

(4) 雑排水槽や汚水槽の点検清掃

　　雑排水槽や汚水槽には、雑排水や汚水がためられるから、点検や清掃を行わないと、悪臭や衛生上の問題を生じる（R0517肢3）。

(5) 通気設備

　　通気設備は、トラップ内の破封を防ぐとともに、排水管内の気圧と外圧の気圧差をできるだけ生じさせないようにして、排水の流れをスムーズにするための管である。伸頂通気方式と通気立て管方式がある。

　　伸頂通気方式は、排水立て管の先端（頂部）を延長した伸頂通気管を屋上または最上階の外壁等の部分で大気に開口する方式である（R0131肢3）。通気管の開口部には、虫や小動物が入り込まないように防虫ネットを設置する。

　　通気立て管方式は、排水立て管に、最下層よりも低い位置で接続して通気管を立ち上げ、最上の伸頂通気管に接続するか、単独で直接大気に開口する方式である。排水立て管と通気立て管の2本を設置するので、2管式ともいわれる。

　　通気設備には、特殊継手が使われることがある。特殊継手は、各階排水横枝管接続用に特殊な形状をした排水管継手である。伸頂通気方式を改良した排水設備となり、排水横枝管の接続器具数が比較的少ない集合住宅やホテルの客室系統に採用されている（R0517肢4）。

3．浄化槽

　浄化槽は、汚水や雑排水を溜めて、汚物等の固形物を沈殿させ、上澄みのきれいになった水を放流する装置である。汚物は微生物によって分解されて固形物の汚泥となり、汚泥は槽の底部に堆積する（R0131肢4）。汚泥が堆積することから、定期的に汚泥を引き抜く清掃が必要になる。

　浄化槽設備については、下水道のない地域では、建築基準法により、し尿浄化槽を設けて汚水を浄化し、河川等に放流しなければならないものとされている。

▶1. 電力会社からの電力供給には、供給電圧によって、「低圧引込み」「高圧引込み」「特別高圧引込み」の3つの方式がある

▶2. 住宅の居室には、単相3線式、または単相2線式で電気が供給されており、単相2線式の場合は、100ボルトしか使用することができない

▶3. ガス給湯機の供給出湯能力は号数で表される。表示される号は、現状の水温に25℃温かくしたお湯をプラスして1分間に1L出せる能力を示す

1. 電気設備

(1) 電力会社からの電力供給の種類

電力会社からの電力供給には、供給電圧によって、「低圧引込み」「高圧引込み」「特別高圧引込み」の3つの方式がある（H2731肢1）。

低圧引込（低圧受電）は、標準電圧100ボルトまたは200ボルトで受電する場合であり、住戸・アパート・事務所などの電灯や小型機器で使用する電気を供給するために使われる。

高圧引込（高圧受電）は、契約電力の総量が50キロワット以上、標準受電電圧6,000ボルトの引込み方式である。大規模な建物などの照明コンセントや給排水ポンプや空調機器などの動力設備で使用する電気を供給するものである（R0419肢1、R0241肢2）。

特別高圧引込（特別高圧受電）は、受電電圧が2万ボルト、6万ボルト、14万ボルトで、契約電力が2,000キロワット以上の場合であり、大規模な事務所・複合施設などで使われる。

建物への電力の供給方式における借室方式は、建物内の一室を変圧器室として、電力会社へ提供する方式である（H2731肢2）。

自家用電気工作物の設置者は、保安規程を定め、使用の開始の前に経済産業大臣に届け出なければならない（電気事業法42条1項）（R0506肢2）。

(2) 単相3線式・単相2線式

住宅の居室には、単相3線式、または単相2線式で電気が供給されている。単相2線式の場合は、2本の線を利用する方式であって、100ボルトしか使用することができない（R0419肢2、H3031肢1）。単相3線式では、真ん中の中性線と上または下の電圧線を利用すれば100ボルト、上と下の電圧線を利用すれば200

ボルトが利用できる（R0241肢３、H2731肢３）。

【住戸内の電気設備】

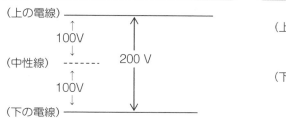

(3) 漏電遮断器（漏電ブレーカー）

漏電遮断機（漏電ブレーカー、ELB）は、一時的に過電流の状態が生じると停電させる仕組みの機器である。停電した場合は、遮断器が落ちている回路を再び通電させ、再度停電するようならその回路を切って専門業者へ連絡しなければならない（R0241肢１、H3031肢２）。電気配線や電気製品のいたみや故障による漏電などに対し、感電や火災を防ぐ機能を有するものである（H3031肢３）。

なお、地震発生時に設定値以上の揺れを検知したときに、ブレーカーやコンセントなどの電気を自動的に止める器具を、感震ブレーカーという。感震ブレーカーは、漏電ブレーカーとは異なる機器である（R0241肢４）（※両方の機能を併有する機器もある）。

(4) 電線の劣化

建物の廊下や階段が外部に開放されている場合、電線を被膜しているビニールが紫外線の影響により経年劣化してしまうことがある。熱や紫外線の影響によって経年劣化し、絶縁抵抗が弱まる。定期的に抵抗を測定し、必要に応じて、配線を交換しなければならない（H3031肢４）。

２．ガス設備

(1) 都市ガスとLPガス

一般の賃貸住宅で使用するガスには都市ガスとLPガスがある。いずれも天然ガスを原料としており、原料自体は無色・無臭である。ただし、ガス漏れ時に気がつくように付臭剤を加えて供給されている。

都市ガスはメタンを主成分とする天然ガスであり、空気より軽い（６Ａだけは空気より重い）。熱量は、13Ａの場合約46（MJ/㎥）である（LPガスと比較す

ると小さい）。ガス導管によって供給される。料金は比較的安い。

LPガスはプロパン・ブタンを主成分とする液化石油ガス（LPG）であり、空気より重い（H3030肢4）。プロパンガスともいわれる。ガス警報器の取付けのうち、警報対象がLPガスの場合、ガスが空気より重いから床面の上方30cm以内の壁などに設置しなければならないものとされている（R0419肢3）。熱量は約99（MJ/㎥）である（都市ガスと比較すると大きい）。ガスボンベまたは導管によって供給される。料金は比較的高くなる。

(2) 都市ガス事業

都市ガスの事業は、ガス製造事業、ガス導管事業、ガス小売事業に分かれる。ガス製造事業はガスの製造を行う事業である。

ガス導管事業には、一般ガス導管事業と特定ガス導管事業がある。いずれも導管によりガスを輸送する事業であるが、輸送地点が一般的か特定地点なのかに違いがある。

ガス小売事業は、一般の住宅や集合住宅などを対象に、ガスを小売りする事業である。販売先には、大口の需要者も含まれる。

(3) LPガス事業（液化石油ガス事業）

LPガス小売供給事業とLPガス販売事業がある。

LPガス小売供給事業は、70戸以上の集合住宅に導管でガスを供給・販売する事業である。コミュニティーガス事業ともいう。

LPガス販売事業は、ボンベに詰めたプロパンガスを販売する事業である。

(4) ガス設備の配管材料

ガス設備の配管材料は、かつては、屋外埋設管には鋳鉄管、屋内配管には配管用炭素鋼鋼管（白ガス管）が用いられていた。これに対して、近年では、より耐久性を高めるため、屋外埋設管はポリエチレン管やポリエチレン被覆鋼管、屋内配管は塩化ビニル被覆鋼管が多く使われている（R0419肢4、H3030肢2）。

(5) ガスメーター等

ガスメーター（マイコンメーター）はガスの使用量を計量する機器であり、加えて、ガスの異常放出や地震等の異常を検知して、自動的にガスの供給を遮断する機能を有している。ガスメーターが異常を検知すると、自動的にガスの供給を止め、住戸内のガス器具の使用が停止するよう作動するものとされている（H3030肢3）。

ガスの使用を開始する際には、住戸ごとのガス会社による開栓作業が必要であ

る。ガスの使用を開始するには、ガス会社に開栓をしてもらう必要がある（H3030肢1）。

(6) ガス給湯機

　ガス給湯機の供給出湯能力は号数で表される。表示される号は、現状の水温に25℃温かくしたお湯をプラスして1分間に1L出せる能力を示す。32号、24号、20号、16号、10号、10号以下に分かれている（R0318肢4）。

第9章 日常管理および工作物責任

▶ 1. 日常の管理業務では、外壁に白亜化、白華現象、浮きやひび割れが生じていないかどうかを確認しなければならない

▶ 2. 土地の工作物の設置・保存に瑕疵があり、そのために他人に損害が生じたときに、占有者・所有者が負う責任が工作物責任である

1. 日常管理

(1) 概説

日常管理の中で、補修を必要とする部分を早期に発見して必要なメンテナンスを無駄なく行うこと、および計画的な修繕を行うことによって、長期にわたり必要な機能と収益性を保持することが可能になる（R0407肢ア）。

(2) 外壁

外壁が劣化すると、剥落・欠損という現象が生じる。剥落・欠損は、目視で確認したうえ、さらに外壁近辺の落下物によって判明することもある。タイルなどが落ちていたことがあるかなども確かめる必要がある（R0417肢ア）（参考第6編第4章2. 漏水、(3)外壁に生じる不具合）。

外壁面の塗膜やシーリング材が劣化すると表面が粉末状になる現象が生じることがある。白亜化（チョーキング）ともいわれる。このような現象が生じていないかどうか、日常点検において手で外壁などの塗装表面を擦り、白く粉が付着するかどうかをみておくべきである（R0417肢イ）（参考：第6編第4章2. 漏水、(3)外壁に生じる不具合）。

セメントの石灰等が水に溶けてコンクリート表面に染み出し、空気中の炭酸ガスと化合して白色を呈する現象を白華現象（エフロレッセンス）という。外壁面の浮きやひび割れ部に雨水などが進入したことにより発生する。外壁に白色の状態となっている部分がないかどうかを、目視によって確かめる必要がある（R0417肢イ）。

(3) 共用部分

共用部分の清掃については、周期を定めて行う必要がある。また床のワックスがけやしみ抜きなどの機械を使う清掃も定期的に行うべきである。管理業者は、年間計画を立てて、借主に事前に知らせなければならない（R0306肢3）。

管理業者は、階段や廊下に私物の放置を発見したときは即座に撤去を求めなけ

ればならない。しかし、放置されている物であっても他人の物であるから、法的な手続きを経ることなく、自らこれらを移動したり撤去したりすることはできない（R0306肢4、R0230肢イ）。

⑷　住戸内

住宅は利用されなくなると劣化し傷みが生じる。管理業者は、空室の劣化や傷みをできるだけ防ぐために、窓を開けて換気を行うなど、定期的に入室して、空室の管理を行わなければならない（R0306肢2）。

⑸　事故の責任

管理業者は、管理受託契約に違反し、賃貸人に損害を生じさせた場合には、管理受託契約の契約違反による責任が生ずる。しかし、管理受託契約の当事者ではない第三者に対しては、管理受託契約の契約違反による責任は負わない。管理業者が第三者に対して責任を負う場合には、その責任の根拠は、工作物責任（管理業者が占有者である場合）（参考：6．工作物責任）、または一般の不法行為責任となる（H2709肢1）。

2．防犯

⑴　エレベーターのかご内

防犯カメラ、非常時、押しボタン等によりかご内から外部に連絡または吹鳴する装置を設置する。かごおよび昇降路の出入口の扉には、外部からかご内を見通せる窓を設置する。照度は50ルクス以上とする（R0311肢1）。

⑵　住戸の窓

接地階に存する住戸の窓であって、バルコニー等に面するもの以外のものについては、面格子の設置等が必要である。

侵入が想定される階でバルコニー等に面する住戸の窓には、錠付きクレセント、補助錠の設置等侵入防止に有効な措置を講じ、また避難計画等に支障のない範囲の窓は、破壊困難なガラス材質にする（R0311肢3）。

⑶　共用の出入口

共用の出入口に関しては、周囲からの見通しの確保が必要である。共用玄関については、照度は50ルクス以上、共用玄関以外の共用出入口の照度は20ルクス以上にする（R0311肢4）。

３．鍵の種類と管理

　シリンダーには、ディスクシリンダー、ロータリー（Ｕ９）シリンダー、ディンプルキー対応シリンダー（リバーシブルピンシリンダー）などがある。

　かつてはディスクシリンダー鍵が広く用いられていたが、ディスクシリンダー鍵はピッキングに弱く、盗難の被害が増加したことにより、現在は製造中止となっている。ディスクシリンダー鍵に代わるものがロータリー（Ｕ９）シリンダー鍵であり、ピッキングに強いので、現在では広く普及している（H2826肢２）。

　ディンプルキー対応シリンダー（リバーシブルピンシリンダー）は、表面にディンプル（くぼみ）がある鍵に対応するものであり、高額物件で使用されている。

　侵入盗の約７割が５分で鍵をあけることができない場合には侵入をあきらめるとされる。この５分に耐えうるなどの防犯性能試験に合格し、警察庁により防犯性能が高いと認められた「CP認定錠」、または「１ドア２ロック」を玄関扉に採用することが望ましい。

　ほかに、住戸の玄関扉について、破壊が困難な材質、こじ開け防止に有効な措置、補助錠の設置、ドアスコープ等およびドアチェーン等の設置が有効である（R0311肢２）。

　シリンダー交換は、前の入居者が退出し、リフォームを終え、新たな賃借人が決定した後がよいとされている（R0306肢１）。

４．防火管理者

　消防法上、不特定多数の人が出入りする店舗や集会施設等を特定防火対象物といい、事務所等不特定多数の人が出入りする用途ではない建物を非特定防火対象物という。共同住宅は、消防法上、非特定防火対象物になる（消防法施行令別表第１）（H2732肢１）。

　建物の管理について権原を有する者を権原者という。権原とは、所有権など管理について自らの判断で修繕工事や維持のための行為をなすための法律上の根拠である。法律上自らの判断で修繕工事や維持のための行為をすることができるものが、建物の管理権原者である。（H3032肢２）。

　一定規模以上の建物では、管理権原者は、消防法により、一定の資格を有する者のなかから防火管理者を選任し、防火管理業務を行わせなければならない（消防法８条）（H3032肢１）。

　共同住宅は、非特定防火対象物であり、収容人員が50人以上の場合は防火管理者を定め、防火管理を行わなくてはならない（消防法８条１項、同法施行令１条の２第３項１号ハ、別表第１）（H2931肢４）。建物全体の述べ面積が500㎡以上であれば甲種防火管理者、500㎡未満であれば甲種または乙種防火管理者となる。

　防火管理者はその立場に応じた対応策を講じる職務があるが、管理権原者につい

ては、防火管理者を選任したからといって、防火管理責任を免責されることにはならない（H3032肢３）。

防火管理者は、防火管理を実行するために必要な事項を消防計画として作成しなければならない。消防計画の作成は、防火管理者における重要な業務である。計画に基づいて防火管理上必要な業務が行われる。なお、防火管理者には、ほかに、消火、通報および避難訓練の実施、消防用設備等の点検・整備などの業務がある（H3032肢４）。

5．相隣関係

土地の所有者が、隣地の所有者との関係において、互いに十分な権利行使を可能にするために、隣地の所有者間のルールが定められている。このルールを相隣関係という。相隣関係の規定は、一般に土地の賃借権にも準用または類推適用される。

(1) 隣地の使用

土地の所有者には、❶〜❸の目的のため必要な範囲内で、隣地の使用が認められる。

> ❶ 境界またはその付近における障壁、建物その他の工作物の築造、収去または修繕
> ❷ 境界標の調査または境界に関する測量
> ❸ 境界線を越える枝の切取りが許される場合の枝の切取り

住家については、その居住者の承諾がなければ、立ち入ることはできない（民法209条１項ただし書き）。

(2) 継続的給付を受けるための設備の設置権等

土地の所有者は、他の土地に設備を設置し、または他人が所有する設備を使用しなければ電気、ガスまたは水道水の供給その他これらに類する継続的給付（継続的給付）を受けることができないときは、継続的給付を受けるため必要な範囲内で、他の土地に設備を設置し、または他人が所有する設備を使用することができる。

(3) 竹木の枝の切除および根の切取り

竹木の枝については、土地の所有者は、隣地の竹木の枝が境界線を越えるときは、その竹木の所有者に、その枝を切除させることができる。竹木が数人の共有に属するときは、各共有者は、その枝を切り取ることができる。❶〜❸の場合は、土地の所有者は、その枝を切り取ることができる。

隣地の竹木の根が境界線を越えるときは、その根を切り取ることができる。

6．工作物責任

(1)　意義

工作物責任とは、土地の工作物の設置・保存に瑕疵があり、そのために他人に損害が生じたときに、占有者・所有者が負う責任である。

土地の工作物の設置・保存に瑕疵があったための事故については、一次的には占有者が責任を負担する（民法717条本文）。占有とは事実上支配をすることであり、土地の工作物責任では、瑕疵を修補して損害を防止する立場にあった人が占有者になる。管理業者が安全確保についての事実上の支配をしている場合には、占有者にあたり、工作物責任を負うことがありうる（R0308肢イ、R0346肢4）。

占有者が損害の発生を防止するのに必要な注意をしていたときには、二次的に、所有者が責任を負う（R0308肢ア）。所有者のこの二次的な責任は、無過失責任である（ただし、土地の工作物の設置・保存に瑕疵があり、そのために他人に損害が生じたことが必要）。

(2)　瑕疵

瑕疵は、安全性が欠如し、欠陥があることをいう。❶と❷の2つの場合がある。

たとえば建物に建築基準法違反があることは工作物の瑕疵となり、建物の所有者や占有者は工作物責任を負う（建築基準法違反の建物が建築されたような場合には建設業者が損害賠償責任を負うことはありうるが、だからといって、建物の所有者や占有者の工作物責任が否定されるものではない）（R0308肢ウ）。

第 7 編

管理業務の実施に
関する事項

POINT
▶1．インターネット広告等において、成約済みの物件を速やかに削除せず掲載を続けることはおとり広告となる
▶2．賃貸借について、対象不動産・日常生活において通常使用する必要がある集合住宅の共用部分で発生した、自然死以外の死等については、事案発生から概ね3年間が経過するまでは、賃貸借の仲介を行う宅建業者は、これを告知しなければならない
▶3．個人の病歴は入居審査には不要であり、個人情報であるとともに、病歴を申告させることはプライバシーの侵害にあたり、病歴を申告する書類の提出を求める必要はない

1．募集・広告規制

(1)　広告規制

　　不動産業者が、不動産広告を行うには、不動産の表示に関する公正競争規約（表示規約）に従わなければならない（R0112肢4）。表示規約は、不動産業界が自主的に定め、不当景品類及び不当表示防止法（景品表示法）の規定に基づき公正取引委員会の認定を受けたルールである。

　　表示規約は、広告における用語の使い方を、次のとおり定めている。

❶　新築	・建築後1年未満で、居住の用に供されたことがないもの（R0544肢2、R0218肢ア）
❷　中古	・建築後1年経過、または居住の用に供されことがあるもの（R0111イ）
❸　マンション	・鉄筋コンクリート造りその他堅固な建物であって、一棟の建物が、共用部分を除き、構造上、数個の部分に区画され、各部分がそれぞれ独立して居住の用に供されるもの（R0218肢イ）
❹　徒歩による所要時間	・道路距離80mにつき1分間を要するものとして算出する。未満の端数が生じたときは、1分とする。 ・道路距離または所要時間を算出する際の物件の起点は、物件の区画のうち駅その他施設に最も

		近い地点である。マンションおよびアパートでは、建物の出入口が起点となる（表示規則第9(7)）（R0544肢3）
⑤	自転車による所要時間	・道路距離を明示して、走行に通常要する時間を表示する（R0218肢ウ、R0111ア）
⑥	面積	・メートル法により表示し、1㎡未満の数値は、切り捨てて表示することができる（R0218肢エ） ・広さを畳数表示する場合、畳1枚当たりの広さは1.62㎡以上

(2) おとり広告

宅建業者は、業務に関して広告をするときは、著しく事実に相違する表示や、実際のものよりも著しく優良であり、または有利であると人を誤認させるような表示をしてはならない（宅地建物取引業法32条）。おとり広告は、顧客を集めるために売る意思のない条件の良い物件を広告し、実際は他の物件を販売しようとする広告である（R0344肢3）。虚偽広告は、実際には存在しない物件等の広告である。

物件が実在しても、実際には取引する意思のない物件を広告することは、おとり広告になる（R0344肢2、R0111ウ）。インターネット広告等において、成約済みの物件を速やかに削除せず掲載を続けることはおとり広告であり、違法である（R0344肢1、R0111エ）。

おとり広告は、誇大広告等であり、不動産の表示に関する公正競争規約に違反し、かつ宅建業法にも違反する（宅地建物取引業法32条）（R0544肢4、R0344肢4）。宅建業法によって、指示、業務停止の処分がなされ、罰則が科される。

(3) 募集広告のための図面を作成

入居者募集や広告関連については、管理業者は、賃貸人の依頼を受けて業務を行うから、賃貸人が賃借人を募集する際に、募集広告のための図面を作成するときにも、賃貸人にも確認してもらう必要がある（R0544肢1）。

2．省エネ性能表示制度

建築物省エネ法による省エネ性能表示制度が2024年（令和6年）4月に開始した。賃貸物件を販売または賃貸する事業者は、省エネ性能を示したラベル表示が義務づけられる。2024年（令和6年）4月以後建築確認申請を行う建築物が義務づけ

の対象となる（2024年（令和6年）4月より前に申請のなされた物件は対象外。また賃貸物件以外も対象外）。ラベル表示は努力義務ではあるが、表示を怠れば勧告され、事業者名が公表される。

　ラベルには省エネ性能（エネルギー消費性能）と断熱性能が★マークや数字で表示される。目安光熱費も表示できる。インターネット、新聞・雑誌、新聞折込み、パンフレットなどの表示をする場合に、ラベルの表示が必要となる。対面営業や物件調査のための資料、調査報告書にも表示しなければならない。

　なお、ラベルとともに評価書が発行される。評価書はラベル以上の詳細な情報提供をする場面において使用することが想定される。

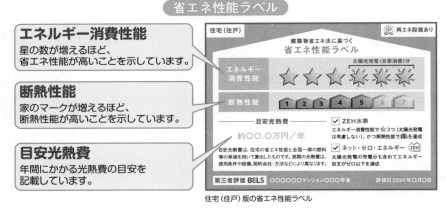

住宅（住戸）版の省エネ性能ラベル

出所：国土交通省住宅局 HP 資料より

3．媒介報酬

　居住用建物の入居者募集における媒介報酬については、賃貸人と賃借人それぞれについて月額賃料の0.55倍に相当する額が上限となる。賃貸人または賃借人から承諾がある場合は、承諾した当事者から月額賃料の1.1倍に相当する額までを受領することができる。ただし、賃貸人と賃借人の報酬を合わせて取得できる報酬額は、月額賃料の1.1倍に相当する額を上回ることはできない（R0217肢1）。

　入居者募集業務に複数の宅建業者が関与する場合、全業者が受領することができる報酬の総額は、月額賃料の1.1倍に相当する額を上回ってはならない（R0217肢2）。

　宅建業者が入居者募集業務を行うための費用は、賃貸借契約が成約したかどうかにかかわらず、媒介報酬とは別にこれを依頼者に請求することは禁じられる（R0217肢4）。ただし、特別の依頼があれば、大手新聞への広告掲載料等、報酬の範囲内で賄うことが相当でない多額の費用を要する特別の広告の料金に限り、媒

介報酬とは別に広告料を受領することができる（東京高判昭57．9．28　判タ485号108頁）（R0217肢３）。

４．人の死の告知ガイドライン

　取引の対象不動産において過去に生じた人の死に関する事案について、宅地建物取引業者による適切な調査や告知に係る判断基準がなく、円滑な流通や、安心できる取引が阻害されていると指摘されていた。そこで、国土交通省により、人の死の告知ガイドラインが作成されている。取引の対象不動産において過去に人の死が生じた場合において、宅地建物取引業者が宅地建物取引業法上負うべき義務の解釈について、一般的に妥当と考えられるものを整理し、とりまとめたものである。

　人の死の告知ガイドラインの内容は次のとおりである。

⑴　宅地建物取引業者が媒介を行う場合、売主・貸主に対し、過去に生じた人の死について、告知書等に記載を求めることで、通常の情報収集としての調査義務を果たしたものとする。売主・貸主・管理業者以外に自ら周辺住民に聞き込みを行ったり、インターネットサイトを調査するなどの自発的な調査を行ったりする義務はない（R0443肢ア）。

⑵　宅地建物取引業者は、人の死に関する事案が、取引の相手方等の判断に重要な影響を及ぼすと考えられる場合には、これを告げなければならない。

⑶　ただし、❶〜❸のケースは、人の死に関する事案を告げなくてもよい。

> ❶　取引の対象不動産で発生した自然死・日常生活の中での不慮の死（転倒事故、誤嚥など）（R0443肢イ）
> ❷　賃貸借では、対象不動産・日常生活において通常使用する必要がある集合住宅の共用部分で発生した、❶以外の死・特殊清掃等が行われた❶の死が発生し、事案発生（特殊清掃等が行われた場合は発覚）から概ね３年間が経過した後（R0540肢１、肢２。すなわち、３年間は告げることが必要）
> ❸　取引の対象不動産の隣接住戸（R0540肢３）・日常生活において通常使用しない集合住宅の共用部分で発生した❶以外の死・特殊清掃等が行われた❶の死

⑷　人の死の発生から経過した期間や死因に関わらず、買主・借主から事案の有無について問われた場合や、社会的影響の大きさから買主・借主において把握して

おくべき特段の事情があると認識した場合等は告げる必要がある（R0540肢４、R0443肢ウ）。

(5)　人の死等について告知をしなければならない場合であっても、人の死等を告げる際には、亡くなった方やその遺族等の名誉及び生活の平穏に十分配慮し、これらを不当に侵害することのないようにする必要があるから、氏名、年齢、住所、家族構成や具体的な死の態様、発見状況等を告げる必要はない（R0443肢エ）。

５．入居審査

　賃貸人が、賃貸借契約に先立って賃借申込者の本人確認をするのは当然であり、申込者が外国人の場合、身元確認書類として、パスポートのほか、住民票を利用することができる（外国人についても、居住地の市区町村役場で住民票が発行される）（H2712肢３）。

　賃借人を決定するにあたっては、借受希望者の職業・年齢・家族構成・年収が申込物件に妥当かどうか検討することは許される。契約者と同居人の収入をあわせて賃料を支払うことが予定されている場合には、募集賃料と賃料支払能力のバランスを判断するという観点から、同居人の年収の申告を求めることも、許される対応である（R0447肢２）。

　他方で、人権やプライバシーなどの観点から、入居審査や入居者決定において、行ってはいけない行為もある。たとえば、個人の病歴は入居審査には不要であり、個人情報であるとともに、病歴を申告させることはプライバシーの侵害にあたり、病歴を申告する書類の提出を求める必要はない（R0447肢１）。

　なお、入居審査のため借受希望者から提出された身元確認書類は、入居の審査と入居後の賃貸管理のために必要となる書類である。入居審査を了えて入居を断る場合には、入居審査のため借受希望者から提出された身元確認書類は、本人に返却しなければならない（R0447肢４）。

６．入居者の決定

　誰を賃借人として賃貸借契約を締結するかを決定するのは、賃貸人である（契約自由）。管理受託方式では、借受希望者が物件に入居するのがふさわしいかどうかや、入居条件が妥当かどうかの最終判断は管理業者ではなく賃貸人が行う。特定転貸事業者の場合には、転貸借契約における賃貸人になるから、最終的に入居者を決定する立場に立つ（R0447肢３）。

> ▶1. 賃貸借が終了しても賃借人の明渡しが完了していない場合には、明渡し完了時までの使用（占有）に対して、損害金を請求することができる
> ▶2. 権利を実現するための裁判所の正当な手続を経ずに、自らが実力を行使して権利を実現しようとすること（自力救済）は、違法行為である
> ▶3. 明渡しの強制執行を行うためには、賃貸人に明渡しの権利があることを認める債務名義が必要である

1．明渡しの意義

　明渡しとは、室内の物品や設備を搬出・撤去し、賃借人から賃貸人に占有（事実上の支配）を移転することである。占有の移転は、通常、鍵の返却によって行われる。室内に物品を残置したままでも、当事者間で明渡しが完了したことを合意して事実上の支配が移転すれば、明渡しとなる。任意に明渡しがなされた場合に、残置物があったとしても、賃借人が残置物の所有権放棄を了承していれば、賃貸人は、明渡し後に賃借人が所有権放棄を了承した残置物を処分できる（R0322肢イ）。

2．使用損害金

　賃貸借が終了すれば、賃料は発生しない。賃貸借が終了しても賃借人の明渡しが完了していない場合には、賃貸人は、賃貸借終了時から明渡し完了時までの使用（占有）に対して、損害金を請求することができる（使用損害金）。

　使用損害金は特約がなくても認められるが、その額を決める特約を設ける場合がある。使用損害金を賃料相当額の倍額と定める（倍額特約）などの特約は、有効である（R0507肢ウ・肢エ）。

3．自力救済の禁止、および強制執行

⑴　自力救済の禁止

　権利を実現するための裁判所の正当な手続を経ずに、自らが実力を行使して権利を実現しようとすることを自力救済という、自力救済は違法行為である。

　契約が終了したのに賃借人が任意に退去しない場合には、賃貸人は、確定判決などの債務名義を得て、強制執行を申し立てなければならない。強制執行によることなく、鍵を交換したり、居室内に立ち入って残置物を処分することなどはできない（R0322肢ア、H3022肢4）。刑事上犯罪に該当し、民事上損害賠償責任を生じさせる。仮に保証人が了解していても違いはない（R0230肢ウ）。

また相続人がいない場合には、相続財産は法人となり法人の管理人が選任される（民法951条、同法952条1項）。相続人がいなくても、相続財産の管理人の承諾を得ずに、被相続人の私物を無断で処分することは許されない（R0230肢ア）。

「借主が契約終了後1か月以内に退去しない場合には、貸主は鍵を交換することができる」との特約（H2722肢1・肢3）、「賃借人の残置物がある場合はこれを任意に処分することができる」との特約などは、公序良俗（民法90条）に違反し、無効である（R0507肢ア、R0230肢エ、H3022肢4、H2822肢4）。

(2) 強制執行の要件

強制執行を行うためには、❶債務名義（執行の根拠となる文書）、❷債務名義の送達、❸執行文の3つが必要である（H3022肢2）。

債務名義となる文書は、❶確定判決、❷和解調書（通常訴訟における和解調書（R0229肢エ）、即決和解における和解調書（R0229肢ウ））、❸調停調書などである（確定判決に限られない。H3022肢1）。

(3) 明渡しの強制執行

明渡しの強制執行を行うためには、確定判決など、賃貸人に明渡しの権利があることを認める債務名義が必要である。賃貸借契約の公正証書は明渡しのための債務名義にはならない（R0322肢エ、R0229肢ア）。明渡しの強制執行のためには、訴えを提起して、判決を得るなどの必要がある。

金銭請求については、公正証書に強制執行に服する旨の陳述（強制執行認諾文言）が記載されていれば、金銭支払いの強制執行ができる（R0234肢1）。しかし、建物明渡しについては、公正証書によって建物の賃貸借契約書が作成されていても、債務名義とはならない（公正証書によって明渡しの強制執行をすることはできない）（R0229肢ア、R0127肢エ、H2922肢3）。

4．非弁行為

弁護士でない者（非弁護士）は、報酬を得る目的で、訴訟事件、非訟事件および審査請求、異議申立て、再審査請求など行政庁に対する不服申立事件、その他一般の法律事件に関して、鑑定、代理、仲裁、もしくは和解、その他の法律事務を取り扱い、またはこれらの周旋をすることを業とすることができない（非弁行為）（弁護士法72条）。弁護士以外の者が明渡請求に応じようとしない賃借人との間で立退交渉を行うことは非弁行為となる。管理受託方式の場合には、管理業者が立ち退き交渉を行うことは、非弁行為として違法となる（広島高判平4.3.6判時1420号80頁）。サブリース方式の場合には、賃貸借契約の賃貸人が自ら当事者として行う行為だから、弁護士法違反ではなく、適法である（R0212肢ア）。

▶1. 通常損耗は賃貸人負担（賃借人負担ではない）、通常損耗を超える汚損、損傷は、賃借人負担となる

▶2. 建物、設備等については、耐用年数経過時に残存簿価が１円になるものとして償却し、借主の負担額を算定する

▶3. ガイドラインには、賃貸人負担になるもの、賃借人負担になるもの、賃借人負担になるものの施工単位と負担割合について、部位ごとに考え方が示されている

1. 原状回復の考え方

　賃借人は、賃借物を受け取った後に生じた損傷（通常の使用収益によって生じた損耗や賃借物の経年変化を除く）がある場合において、その損傷が賃借人の責めに帰することができない事由によるものである場合を除き、賃貸借の終了時に、その損傷を原状に復する義務を負う（民法621条）。この取扱いが原状回復の問題であり、その基本ルールは民法に定めがある（R0511肢４）。契約書に原状回復義務の定めがなくても、賃借人は原状回復義務を負う（H2919肢エ）。

　もっとも、原状回復の問題は実際には事案によってさまざまな場面や状況が生じる。現実に原状回復に関してはトラブルが多い。そこで、国土交通省によって、裁判例や取引等の実務を考慮のうえ、原状回復の費用負担のあり方等について、トラブルの未然防止の観点から現時点において妥当と考えられる一般的な基準が「原状回復をめぐるトラブルとガイドライン」（ガイドライン）としてとりまとめられている。賃貸不動産経営管理士試験においても、ガイドラインの知識や理解が求められることになる。

　原状回復の考え方をまとめると、次の３つの原則がある

　A. 通常損耗は賃貸人負担（賃借人負担ではない）
　B. 通常損耗を超える汚損、損傷は、賃借人負担
　C. 賃借人負担となる修理、交換の範囲と負担割合には合理性が必要

2. A 通常損耗は賃貸人負担（賃借人負担ではない）

　通常の使用収益によって生じた損耗や賃借物の経年変化の補修は、賃借人がその費用を負担すべきものではなく、賃貸人の負担である（この点については、ガイドラインでは、「借主が通常の住まい方、使い方をしていても発生するもの」は賃貸

人負担という表現も使われている（H2926肢２））。

　ガイドラインでは、賃貸人負担になるものの具体例が、次のとおり示されている。

> 【賃貸人負担になるもの】
> ・エアコンの内部洗浄（喫煙等による臭い等が付着していない場合）（R0121
> 　肢エ、H3025肢２）
> ・家具の設置による床・カーペットのへこみ、設置跡（R0509肢ウ、R0121肢
> 　ア）
> ・テレビ・冷蔵庫等の後部壁面の黒ずみ（いわゆる電気ヤケ）
> ・壁に貼ったポスター、絵画の跡等によるクロスの変色、日照など自然現象に
> 　よるクロスや畳の変色、フローリングの色落ち
> ・ポスターやカレンダー等の掲示のために使用した画鋲、ピン等の穴（下地
> 　ボードの張替えが不要である程度のもの）（H2824肢２）
> ・賃借人所有のエアコン設置による壁のビス穴・跡・設備・機器の故障・使用
> 　不能（機器の寿命によるもの）
> ・網入りガラスの亀裂（日照、建物構造欠陥による雨漏りなどで発生したも
> 　の）
> ・入居者確保のため（次の入居者のため）に行う設備の交換、化粧直しなどの
> 　リフォーム、破損や鍵紛失という事情のない場合の鍵交換（シリンダーの取
> 　替え）（R0121肢ウ、H2824肢１）
> ・台所、トイレの消毒（R0509肢エ）

　震災等の不可抗力による損耗、上階の居住者など借主と無関係な第三者がもたらした損耗等は、賃借人が負担すべきものでない（H2926肢１）。

【事例ごとの負担義務者】

事例の区分	負担義務者	理由
A： 賃借人が通常の住まい方、使い方をしていても発生すると考えられるもの	賃貸人	賃借人が通常の住まい方、使い方をしていても発生すると考えられるものは「経年変化」か「通常損耗」であり、これらは賃貸借契約の性質上、賃貸借契約期間中の賃料でカバーされてきたはずのものである
A（＋G）： 建物価値の減少の区分としてはAに該当するものの、（原状回復に係る工事内容に）建物価値を増大させる要素が含まれているもの	賃貸人	賃借者が通常の住まい方、使い方をしていても発生するものについては、上記のように、賃貸借契約期間中の賃料でカバーされてきたはずのものであり、賃借人は修繕等をする義務を負わないのであるから、まして建物価値を増大させるような修繕等（例：古くなった設備等を最新のものに取り替えるとか居室をあたかも新築のような状態にするためのクリーニングの実施、Aに区分されるような建物価値の減少を補ってなお余りあるような修繕等）をする義務を負うことはない
B： 賃借人の住まい方、使い方次第で発生したりしなかったりすると考えられるもの（明らかに通常の使用等による結果とはいえないもの	賃借人	賃借人の住まい方、使い方次第で発生したりしなかったりすると考えられるものは、「故意・過失、善管注意義務違反等による損耗等」を含むこともあり、もはや通常の使用により生ずる損耗とはいえない
A（＋B）： 基本的にはAであるが、その後の手入れ等賃借人の管理が悪く、損耗等が発生または拡大したと考えられるもの	賃借人	賃借人が通常の住まい方、使い方をしていても発生するものであるが、その後の手入れ等、賃借人の管理が悪く、損耗が発生・拡大したと考えられるものは、損耗の拡大について、賃借人に善管注意義務違反等があると考えられるとして、賃借人には原状回復義務が発生し、賃借人が負担すべき費用の検討が必要になる

【損耗・毀損事例の区分】

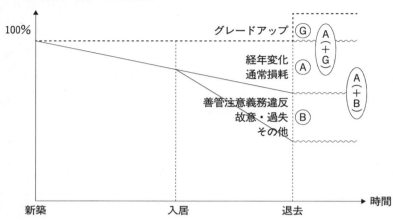

賃貸住宅の価値（建物価値）

３．Ｂ　通常損耗を超える汚損、損傷は、賃借人負担

　賃借人の故意・過失、善管注意義務違反、その他通常の使用を超える使用による損耗等は、賃借人の負担である（この点については、ガイドラインでは、「借主の住まい方や使い方次第で発生したりしなかったりすると考えられるもの」は賃借人負担という表現も使われている（H2926肢２））。また、手入れ等賃借人の管理が悪く、損耗が発生・拡大したと考えられるものについても、損耗発生・拡大分が賃借人の負担となる（H2926肢４）（その場合の賃借人負担は、原状回復費用の全額ではない。R0410肢ウ）。

　賃借人の同居者は、賃貸借契約との関係では賃借人の履行補助者となる。そのため、同居者の故意過失は、賃借人の故意過失と同視される。賃借人自身に故意過失がなくても、同居者に故意過失があれば、部屋の毀損の補修費用は、賃借人の負担である（R0232エ）。

　ガイドラインでは、賃借人負担になるものの具体例が、次のとおり示されている。

【賃借人負担になるもの】
・飲みこぼし等の手入れ不足によるカーペットのシミ
・冷蔵庫下のサビを放置した床の汚損
・引越作業等で生じた引っかきキズ
・賃借人の不注意（雨風が吹き込むなど）による畳やフローリングの色落ち

- 結露を放置して拡大したカビ・シミ
- 重量物をかけるためにあけた壁等の釘穴・ビスで下地ボードの張替えが必要なもの
- 天井に直接付けた照明器具の跡（R0509肢ア）
- ペットにより柱等に生じたキズ、付着した臭い（R0509肢イ、H3025肢1、H2828肢4）
  ※ ペットの飼育に承諾を得ていた場合でも、賃借人負担となる（R0232ウ）。
- 風呂・トイレ等の水垢、カビ等、日常の不適切な手入れもしくは用法違反による設備の毀損（H3025肢4）
- 鍵の紛失または破損による取替え（R0232イ、H3025肢3）
- 戸建て住宅の庭に生い茂った雑草の除去（R0121肢イ）
- クーラー（賃借人所有）からの水漏れを放置して発生した壁等の腐食
- 喫煙に起因するヤニ等によるクロス変色、室内への臭いの付着、エアコンの汚れ
- 賃借人のクロス上の落書きを消すための費用（R0510肢ア、R0309肢4、R0122肢4、H2724肢3）
  ※ 補修費用の全額が借主の負担となる。借主に善管注意義務違反があったと考えられるからである（R0231肢ウ）。
- 通常の清掃を実施していない場合の清掃費用相当分（日常の清掃を怠ったため付着した台所のスス・油の汚れなど）（R0309肢1、R0232ア）

4．C 賃借人負担となる修理、交換の範囲と負担割合には合理性が必要

　賃借人の故意・過失等による損耗であり、補修費用が賃借人負担になるケースでも、賃借人の負担すべき補修工事については、施工単位を合理的は範囲に限り、また建物や設備等の経過年数を考慮し、年数が多いほど負担割合を減少させる必要がある（H2724肢2）。建物、設備等については、耐用年数経過時に残存簿価が1円になるものとして償却し、借主の負担額を算定される（R0410肢ア）。ただし、経過年数を考慮しないで賃借人負担とするものもある（H2924肢2）。

C-1（賃借人負担となる場合の各部位の施工単位）

　ガイドラインでは、賃借人負担になる補修工事の施工単位の具体例が、次のとおり示されている。

(1) 畳（R0411肢3、R0310肢3）

- ・原則1枚単位
- ・毀損等が複数枚の場合は、その枚数（裏返しか表替えかは毀損の程度による）
- ・色合わせを行う場合には、居室の畳枚数

(2) カーペット、クッションフロア

- ・洗浄等で落ちない汚れ、キズの場合：1部屋単位（H2927肢4）
- ・毀損等が複数箇所の場合：居室全体

(3) フローリング

- ・最低㎡単位
- ・毀損等が複数箇所の場合は、居室全体（R0310肢2）
- ※ フローリングの部分的な張り替えであれば、経過年数を考慮せずに全額が借主の負担となる（R0231肢イ、R0122肢2）。

(4) 壁・天井（クロスなど）

- ・毀損箇所を含む1面分までは賃借人負担としてもよい（R0310肢1、H2724肢4）
- ・色・模様合わせを行う場合には当該面または居室全体
- ・面ごとに色や模様が合っていなくても価値の減少は小
- ※ 複数面の色や模様を合わせることまでは不要（R0411肢1）
- ・タバコのヤニによって居室全体のクロスが変色したり臭いが付着した場合には居室全体のクリーニングまたは張替費用は借主負担となる（H2924肢3）
- ※ 居室の一部が変色したり臭いがついただけの場合には、居室全体ではなく、居室の一部についてのクリーニングまたは張替費用が借主負担（R0411肢2）

(5) 建具（襖、柱など）

- ・襖：最低1枚単位、柱：最低1本単位（襖の色合わせを行う場合は当該面

または居室全体の枚数）

・襖紙、障子紙は消耗品なので、その全部（R0511肢イ）

(6)　設備その他（鍵、クリーニングなど）

・設備の補修（部分）
・鍵の紛失の場合はシリンダー交換も含む（R0232イ、H3025肢３）
・クリーニングは、通常の清掃を怠った場合のみ（部位ごと、または住戸全体）

C-2（各部位の耐用年数の考え方）

　ガイドラインでは、各部位の耐用年数の考え方について、次のとおり示されている。

(1)　畳
・畳表は消耗品に近いので、経過年数は考慮しない（H2824肢４）
・畳床は、６年で残存価値１円となる直線・曲線

(2)　カーペット、クッションフロア
・６年で残存価値１円となる直線・曲線（R0510肢エ、R0231肢エ、R0122肢１）

(3)　フローリング
・部分貼替えならば経過年数は考慮しない
・フローリング床全体を張り替えた場合は、経過年数を考慮し、耐用年数で残存価値１円となるような直線を想定した負担割合について借主の負担となる（R0512肢ウ、R0231肢イ）

(4)　壁・天井（クロスなど）
・喫煙によりクロス等が脂で変色したり臭いが付着している場合など、通常の使用による汚損を超える場合には、補修費用は借主の負担であり、その場合の借主負担となる補修費用は、経過年数に応じて（６年で残存価値１円となる直線・曲線により）（R0309肢２）決められる（R0231肢ア、R0122肢３、H2828肢１）

(5) 建具（襖、柱など）
・襖紙、障子紙は消耗品なので、経過年数は考慮しない（H2828肢3）
・襖、障子等の建具部分、柱は経過年数は考慮しない
　※　考慮する場合は残存価値1円となる直線。

(6) 設備その他（鍵、クリーニングなど）
・設備の補修（部分）（耐用年数経過時点で残存価値1円となる直線・曲線）
・鍵の返却、シリンダー交換（耐用年数は考慮しない）（R0411肢4、R0310肢4、H2927肢3）
・クリーニングは通常の清掃（耐用年数は考慮しない）（H2927肢2）
　※　経過年数を超えた設備等であって、継続して賃貸住宅の設備等として使用可能なものを借主が破損した場合には、従来機能していた状態まで回復させるための費用（修補費用）が借主負担となる。借主負担は新品に交換する費用ではない（R0410肢エ）。

5．通常損耗賃借人負担特約

　通常損耗分の補修費用を賃借人の負担とする特約を設けることは可能である（H2724肢1）。しかし、経年変化や通常損耗に対する修繕業務等を賃借人に負担させる特約は、賃借人に法律上、社会通念上の義務とは別個の新たな義務を課すことになるため、❶～❸の要件を満たしていることが必要である（最判平17.12.16）（R0309肢3、R0347肢2、H2924肢1、H2728肢3）。

❶　特約の必要があり、かつ、暴利的でないなどの客観的、合理的理由が存在する
❷　賃借人が特約によって通常の原状回復義務を超えた修繕等の義務を負うことについて認識している
❸　賃借人が特約による義務負担の意思表示をしている

6．原状回復に関するその他の事項

(1) 契約時の取扱い

　原状回復費用については、入居当初には発生しないけれども、いずれは賃借人が負担する可能性があるから、将来問題となる原状回復条件を契約書に添付し、あらかじめ条件を合意しておくことが望まれる（R0511肢2）（ただし、この場合の単価はあくまでも目安であって、退去時において変更となる場合がある。H2927肢1）。また、修繕や原状回復では、引渡し時にすでに存在した汚損や損

傷かどうかが問題になるので、引渡し時に管理業者と借主が貸室の状況を互いに確認して客観的な情報を残しておく必要がある（R0407肢ウ）。

　入居時点の設備等の価値については、貸主や管理業者が決定するのではなく、客観的価値によって決められる（R0410肢イ）。

⑵　精算明細の様式

　ガイドラインでは、原状回復費用の見積りや精算を行う場合の参考となるように、「原状回復の精算明細等に関する様式」が示されている（R0511肢3）。

⑶　ガイドラインで示された基準の法的拘束力

　ガイドラインは、当事者を法的に拘束するものではない。これと異なる特約の効力が否定されるわけではない。ガイドラインでも、「近時の裁判例や取引等の実務を考慮のうえ、原状回復の費用負担のあり方等について、トラブルの未然防止の観点からあくまでも現時点において妥当と考えられる一般的な基準」とされている（H2824肢3）。

第4章 障害者差別解消法

1. 概説

障害者差別解消法は、事業者に対して、①と②の2つの義務を課している。

① 不当な差別的取扱いの禁止

事業者は、その事業を行うに当たり、障害を理由として障害者でない者と不
当な差別的取扱いをすることにより、障害者の権利利益を侵害してはならない
（障害者差別解消法8条1項）。

② 合理的配慮義務

事業者は、その事業を行うに当たり、障害者から現に社会的障壁の除去を必
要としている旨の意思の表明があった場合において、その実施に伴う負担が過
重でないときは、障害者の権利利益を侵害することとならないよう、障害者の
性別、年齢及び障害の状態に応じて、社会的障壁の除去の実施について必要か
つ合理的な配慮をしなければならない（同法8条2項）。合理的配慮義務は、
当初努力義務であったが、法改正があり令和5年4月に法的義務とされた。

国土交通省は、いかなる行為が不当な差別的取扱いの禁止や合理的配慮義務
に違反するのかについて、対応指針（「国土交通省所管事業における障害を理
由とする差別の解消の推進に関する対応指針」）を策定している。たとえば、
対応指針では、宅建業者が、障害者に対して、「火災を起こす恐れがある」等
の懸念を理由に、仲介を断ること（R0541肢1）、障害者に対して、障害を理
由とした誓約書の提出を求めること（R0541肢4）は不当な差別的取扱いとし
ている。

不動産管理業者も対応指針の対象となる（R0347肢1）。以下が、対応指針
のうち、不動産管理業に関連する部分である。

２．不当な差別的取扱い

① 正当な理由がなく、不当な差別的取扱いにあたると想定される事例

- 不動産管理業者が、契約の相手方に障害者が含まれることを理由に、管理業務の受託や特定賃貸借契約の締結を拒否する。
- 特定転貸事業者が、自ら入居者募集を行う場合、物件一覧表や物件広告に「障害者不可」などと記載する。
- 特定転貸事業者が、自ら入居者募集を行う場合、障害者に対して、「当社は障害者向け物件は取り扱っていない」として話も聞かずに門前払いする。（R0541肢２）
- 特定転貸事業者が、自ら入居者募集を行う場合、賃貸物件への入居を希望する障害者に対し、障害があることを理由として、言葉遣いや接客の態度など一律に接遇の質を下げる。
- 特定転貸事業者が、障害があることや車椅子の利用等の社会的障壁を解消するための手段の利用等のみを理由として、客観的に見て正当な理由が無いにもかかわらず、賃貸物件への入居を希望する障害者に対して敷金や保証金等を通常より多く求める。
- 障害者が介助者を伴って窓口に行った際に、障害者本人の意見を全く確認せず、介助者のみに対応を求める。
- 障害があることのみを理由として、一律に、障害者に対して必要な説明を省略する、または説明を行わない。
- 特定転貸事業者が、自ら入居者募集を行う場合、緊急時に電話による連絡ができないという理由のみをもって入居を断る。
- 障害があることやその特性による事由を理由として、契約の締結等の際に、必要以上の立会者の同席を求める。

② 障害を理由としない、又は、正当な理由があるため、不当な差別的取扱いにあたらないと考えられる事例

- 合理的配慮を提供等するために必要な範囲で、プライバシーに配慮しつつ、障害者に障害の状況等を確認する。（権利・利益の保護）（R0541肢３）

３．合理的配慮

① 合理的配慮の提供の事例

- 障害者や介助者等からの意思の表明に応じて、ゆっくり話す、手書き文字（手のひらに指で文字を書いて伝える方法）、筆談を行う、分かりやすい表

現に置き換える、IT 機器（タブレット等による図や絵）の活用等、相手に合わせた方法での会話を行う。

・種々の手続きにおいて、障害者や介助者等からの意思の表明に応じて、文章を読み上げたり、書類の作成時に書きやすいように手を添える。

・書類の内容や取引の性質等に照らして特段の問題が無いと認められる場合に、自筆が困難な障害者からの要望を受けて、本人の意思確認を適切に実施した上で、代筆対応する。

・障害者や介助者等からの意思の表明に応じて、契約内容等に係る簡易な要約メモを作成したり、必要となる費用の詳細を分かりやすく提示したりする等、契約書等に加えて、相手に合わせた書面等を用いて説明する。

・障害者や介助者等からの意思の表明に応じて、重要事項説明や契約条件等の各種書類をテキストデータで提供する、ルビ振りを行う、書類の作成時に大きな文字を書きやすいように記入欄を広く設ける等、必要な調整を行う。

② 合理的配慮の提供義務違反に該当すると考えられる事例

・不動産管理業者が重要事項の説明等を行うにあたって、知的障害を有する者やその家族等から分かりづらい言葉に対して補足を求める旨の意思の表明があったにもかかわらず、補足をすることなく説明を行った。

・電話利用が困難な障害者から直接電話する以外の手段（メールや電話リレーサービス等の手話を介した電話又は保護者や支援者・介助者の介助等）により各種手続が行えるよう対応を求められた場合に、自社マニュアル上、当該手続は利用者本人による電話のみで手続可能とすることとされていることを理由として、具体的に対応方法を検討せずに対応を断る。

・建物内の掲示又は各戸に配布されるお知らせ等について、障害者やその家族・介助者等から文章の読み上げやテキストデータによる提供を求める旨の意思の表明があったにもかかわらず、具体的に対応方法を検討せずに対応を断る。

③ 合理的配慮の提供義務違反に該当しないと考えられる事例

・不動産管理業者が、歩行障害を有する者やその家族等に、個別訪問により重要事項説明等を行うことを求められた場合に、個別訪問を可能とする人的体制を有していないため対応が難しい等の理由を説明した上で、当該対応を断ること。（なお、個別訪問の代わりに、相手方等の承諾を得て、WEB 会議システム等を活用した説明を行うこと等により歩行障害を有する者が契約等の機会を得られるよう配慮することが望ましい。）

POINT

▶1．個人情報は特定の個人を識別することができる場合の、生存する個人に関する情報である

▶2．個人情報を取得した場合、利用目的を本人への通知、または、公表を要する。ただし、あらかじめ利用目的を公表していれば、取得時の通知・公表は不要である

▶3．個人データは、あらかじめ本人の同意を得ないで、第三者に提供してはならない

1．概説

　個人情報は特定の個人を識別することができること（他の情報との照合でわかる場合を含む）をその特性として有する個人の情報である（H2803肢1、H2702肢1）。符合も、その情報だけからは個人が特定されなくても、ほかの情報とあわせて個人が特定される場合には、やはり個人情報になる（個人情報保護法2条1項1号）。

　個人情報保護法上、個人識別符号という概念が定められている（同法2条1項2号）。運転免許証の番号、マイナンバー、旅券の番号、基礎年金番号、住民票コードなどが、個人識別符号である（同法施行令1条）。個人識別符号は符合であるが、個人情報である（R0203肢4、R0104肢2）。

　個人情報は生存する人に関する情報に限定される（個人情報保護法2条1項はしら書き）。人の情報であっても、死亡した人についての情報は、個人情報ではない。管理物件内で借主が死亡した場合、借主の情報は個人情報保護法における個人情報ではなくなる（R0104肢1）。

　個人情報データベース等を事業の用に供している者を個人情報取扱事業者という（同法16条2項）。個人情報保護法が適用される事業者は、すべての事業者ではなく、個人情報取扱事業者である。もっとも、取り扱う個人情報の数にかかわらず、個人情報保護法が適用される（R0442肢エ、R0203肢2、H2803肢2・肢4、H2702肢2）。みずから個人情報データベース等を作成保有していなくても、指定流通機構（レインズ）にアクセスするなどによって個人情報データベース等を事業のために使うことができる者は、個人情報取扱事業者となり、個人情報保護法の規制を受ける（R0104肢4、H2702肢4）。

２．要配慮個人情報

　要配慮個人情報とは、本人の人種、信条、社会的身分、病歴、犯罪の経歴、犯罪により害を被った事実その他本人に対する不当な差別、偏見その他の不利益が生じないようにその取扱いに特に配慮を要するものをいう（同法２条３項）（人種について、R0233肢３）。次の情報が要配慮個人情報となる。

> ａ．心身の機能の障害があること（たとえば、借主が新型コロナウイルスに感染したこと。R0233肢１）
> ｂ．健康診断等の結果
> ｃ．健康診断等の結果に基づきまたは疾病、負傷その他の心身の変化を理由として医師等により指導・診療・調剤が行われたこと
> ｄ．被疑者または被告人として、逮捕、捜索、差押え、勾留、公訴の提起その他の刑事事件に関する手続きが行われたこと
> ｅ．少年法３条１項に規定する少年またはその疑いのある者として、調査、観護の措置、審判、保護処分その他の少年の保護事件に関する手続きが行われたこと

　要配慮個人情報については、個人情報の取得や第三者提供には、あらかじめ本人の同意が必要となる（個人情報保護法20条２項（取得））（R0442肢ア、R0203肢１）。また、オプトアウトによる第三者提供は認められない。

３．個人情報の取得・利用・保管

⑴　個人情報の取得

　個人情報（要配慮個人情報以外）の取得についての本人の同意は不要である（R0442肢ア）。

　他方、取得した個人情報の利用の目的はできる限り特定しなければならない。入居審査にあたっては、利用目的を特定し、特定された利用目的にしたがって個人情報を利用しなければならない（H3011肢２）。

　また、個人情報を取得した場合、利用目的の本人への通知、または、公表を要する。あらかじめ利用目的を公表していれば、取得時の通知・公表は不要である（H2702肢３）。

　本人から直接書面に記載された本人の個人情報を取得する場合は利用目的を明示することが義務づけられる（R0203肢３）。ただし、人の生命、身体または財産の保護のために緊急に必要がある場合は例外である（個人情報保護法21条２項）。

(2) **個人情報の利用**

　　個人情報を取り扱うには、利用目的の特定を要する。たとえば「サービスの向上のため」では特定されたといえない。特定された目的に限り利用が可能である。

　　利用目的については変更することができる。ただし、変更前の利用目的と変更後の利用目的に合理的な関連性があることが必要となる。

(3) **個人情報（個人データ）の保管**

　　個人データについては、正確かつ最新の内容に保たなければならない。また、利用する必要がなくなったときは、個人データを遅滞なく消去するよう努めなければならない。

　　個人データの漏えい、滅失または毀損の防止その他の個人データの安全管理のために必要かつ適切な措置を講じなければならない

　　従業者に個人データを取り扱わせるにあたっては、従業者に対する必要かつ適切な監督を行わなければならない。

　　個人データの取扱いを委託する場合は、委託を受けた者に対する必要かつ適切な監督を行わなければならない。

４．第三者提供

　　個人情報取扱事業者は、あらかじめ本人の同意を得ないで、個人データを第三者に提供してはならない（個人情報保護法27条1項）。

(1)～(3)等の場合には、本人の同意を得ない第三者提供が認められる（H2803肢3）。

(1)　法令に基づく場合（たとえば、捜査関係事項照会書による照会（刑事訴訟法197条2項））（R0233肢2）

(2)　人の生命、身体又は財産の保護のために必要がある場合であって、本人の同意を得ることが困難であるとき

(3)　公衆衛生の向上又は児童の健全な育成の推進のために特に必要がある場合であって、本人の同意を得ることが困難であるとき
　　（以下、省略）

　　個人データを第三者に提供したときは、個人データを提供した年月日、当該第三者の氏名または名称その他の事項に関し、記録を作成しなければならない（個人情報保護法29条1項）（R0104肢3）。

　　個人情報取扱事業者が委託先に個人データを提供することは、利用目的の達成に

必要な範囲内であれば、個人データの第三者提供に該当しないから、本人の同意は必要がない（同法27条1項・5項イ）（R0442肢ウ）。

次の者は第三者から除外される（本人の同意なく個人情報を提供できる）。

❶　利用目的の達成に必要な範囲内で個人データの委託を受ける場合
❷　合併その他事業の承継に伴う場合
❸　共同して利用される個人データが特定の者に提供される場合

❸では、あらかじめ、本人に通知し、または本人が容易に知り得る状態に置くことが必要である。

5．漏洩等の報告

不正アクセス等故意による個人データの漏えい、滅失、毀損（漏えい等）があった場合には、その事態が生じた旨を個人情報保護委員会に報告しなければならない（個人情報保護法26条1項本文、同法施行規則7条）。

報告義務がある漏えい等は❶～❹のとおりである。

❶　要配慮個人情報の漏えい等
❷　財産的被害が発生するおそれがある場合
❸　不正アクセス等故意によるもの（R0442肢イ）
❹　1,000人を超える漏えい等

報告事項は、個人データの項目、原因、二次被害またはそのおそれの有無などであり、報告の時期については、速報と確報の二段階となっている。

速報	➡事態の発生を認識した後、速やかに
確報	➡30日（不正アクセス等故意の場合は60日）以内に本人への通知 ※本人に対し、漏えい等の事態が生じた旨を通知しなければならない。

漏えい等の事態が生じた旨は、本人への通知が必要である。

第6章 不動産の証券化

1．証券化の仕組み

　不動産証券化とは、不動産の権利を証券に結びつけるとともに、不動産投資と不動産事業の管理運営をマネジメントする仕組みである（R0250肢1）。投資家が器（ビークル）に資金を拠出し、器が不動産の専門家に資金の運用を委託するという構造になっている。不動産の専門家の運用によって、取得した賃料・売買代金（運用益）は、器を通して、投資家に還元される。器（ビークル）は、活動の実態を有しないペーパーカンパニー（R0550肢1）である

【証券化の概念図】

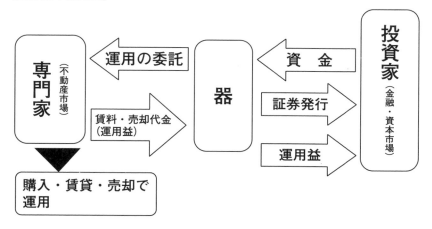

2. 証券化の種類

(1) 流動化型（資産流動化型）とファンド型

　流動化型（資産流動化型）の証券化は、投資対象が先に決まり、後にお金を集めるタイプである。ファンド型の証券化は、はじめに投資資金があり、お金を集めてから投資対象が決まるタイプの証券化の仕組みである（R0550肢2）。

(2) Jリート・私募リート・私募ファンド

　不動産投資信託（投信法に基づく不動産投資信託）のうち、証券取引所に上場しているものが、Jリートである。上場されているので換金性が高い。多数の投資家から、少額ずつの資金を集めることができる仕組みである。現在ではその市場規模は約22兆円に達している。

　不動産投資信託のうち、証券取引所に上場していないものが、私募リートである。流通市場がなく換金性が乏しいが、一定の条件下で投資口の払戻しが認められる。規模は5兆円を超えるまでに至っている。

　流動化型（資産流動化型）の証券化が通常私募ファンドといわれる。私募ファンドは、一般に少数の投資家が、それぞれ大きな金額の資金を拠出する仕組みである。

　Jリート・私募リート・私募ファンドについて、投資家数、投資家の投資額を比較すると、次の図のとおりである。

【証券化の種類と規模等】

種類	私募ファンド	私募リート	Jリート
投資家1人あたりの投資額	大	中	小
投資家数	少	中	多

(3) デットによる投資とエクイティによる投資

　デットによる投資は、利息の支払いや元本の償還において優先するものである。安全性が高いが、安全性の高さに対応して、リターンの割合は低くなり、ローリスク・ローリターンとなる（R0550肢3）。

　エクイティによる投資は、利息の支払いや元本の償還において劣後するものである。安全性は低いが、安全性の低さに対応して、リターンの割合は高くなり、ハイリスク・ハイリターンとなる。

⑷ ノンリコースローン

　ノンリコースローンとは、特定の事業や資産から生ずる収益だけを返済原資とする借入れである。特定の事業や資産以外は、その債権実現のための引き当てとなる責任財産にならない（R0550肢4）。

> 　私募ファンドは運用期間が定められている。Ｊリートと私募リートは、運用期間の定めがなく物件の追加や入替えにより永続的に運用されることが想定される。

3．プロパティマネジメント

　不動産の証券化においては、業務が専門化し、分化している。このことは、アンバンドリングといわれる。賃貸不動産経営管理士試験においては、アセットマネジメント、プロパティマネジメント、コンストラクションマネジメントの概念を理解しておく必要がある。

　アセットマネジメントとは、投資家から委託を受け、総合的な計画を策定して、投資を決定・実行することを意味する（R0450肢3、R0245肢1、H3033肢1〜肢4、H2834肢4、H2733肢3）。投資一任や投資法人の資産運用業務などの投資運用を行う（R0250肢2）。賃借人管理、建物管理、会計処理などについては、プロパティマネジメント会社（プロパティマネージャー）からの報告を受けて投資の状況を把握し、現実の管理運営の指示をしながら、売却によって投下資金を回収するという業務を行う（H2933肢1）。

　プロパティマネジメントは、実際の賃借人の管理、建物管理、会計処理等を行うことを意味する（R0450肢4、R0245肢1、H3033肢1〜肢4、H2834肢3・肢4、H2733肢3）。アセットマネジメント会社（アセットマネージャー）に業務の報告を行う（R0134肢2）。建物の価値を増加させる改修の調査・提案（R0245肢3、R0134肢4）、賃借人の維持（テナントリテンション）（R0450肢2、R0245肢4、R0134肢3）、所有者の変更に伴う業務（R0134肢1）がその業務に含まれる。プロパティマネージャーにおいては、一般的には投資運用業の登録は必要ではない（R0250肢2）。

　プロパティマネジメントの業務は賃貸管理業務を行うものではあるが、従前からの賃貸管理業務と比較すると、❶報告業務、❷調査・提案業務、❸所有者の変更に伴う業務がより重要となるという特色がある（R0245肢2、H2933肢4）。またプロパティマネジメントの業務の合理性については、客観的な根拠が必要であり、プロパティマネージャーは業務の合理性を説明しなければならない（R0450肢1、R0250肢3、H2933肢2、H2733肢1）。

近年では、専門家であるコンストラクションマネジャーが発注者の側に立ち、技術的中立性を保ちながら、品質・コスト・スケジュールなどを調整、運営する業務が、コンストラクションマネジメントといわれている（R0250肢４、H2733肢４）。

第7章 保険

▶ 1. 損害保険は危険を軽減・分散する方策であり、損害保険に加入することでそのリスクを軽減・分散することができる
▶ 2. 損害保険は、保険商品を3分類した場合の、第2分類に属する
▶ 3. 地震保険は住宅の火災保険に付帯して加入する保険であり、単独での加入はできない。保険金額については金額等についての制約がある

1．概説

　損害保険は、将来起こるかもしれない危険に対し、予測される事故発生の確率に見合った一定の金銭的負担を保険契約者（保険加入者）が公平に分担し、事故に対して備える相互扶助の精神から生まれた助け合いの制度である（R0349肢1、R0140肢1、H2840肢4）。損害保険に加入することでそのリスク（危険）を軽減・分散することができる（R0448肢1、H3034肢1、H2934肢1、H2734肢1）。

　損害保険の用語は、次の意味に用いられている。

●保険給付	偶然の事故が生じた場合に保険会社が被保険者に支払う金銭
●保険金	保険給付によって支払われる金銭
●被保険者	保険によって補償を受ける人（保険金受取人、保険の対象になる人）

　保険商品は、次の3種類に分類される
　　第一分野　生命保険（人の生存・死亡について保険金を支払う）

　　第二分野　損害保険（偶然の事故により生じた損害に対して保険金を支払う）
　　　　　　　（R0349肢2、R0242肢1、R0140肢2、H2934肢4）
　　第三分野　人のけがや病気などに備える保険

2．保険の考え方

⑴　大数の法則

　　事故は偶発的だが、大量に観察すれば、統計的に発生率の予測が可能である。
　保険は、この大数の法則に従ってリスクの発生率と被害額を計算して保険料を算

出し、事故による損失を保険加入者が平等に負担する制度である。

⑵　給付・反対給付均等の原則

　　保険契約者が負担する保険料（純保険料）は、偶然の出来事の発生率と保険金を乗じた額と等しくなる。

⑶　損害保険の保険料の算定

> 保険料＝純保険料＋付加保険料

　　純保険料は保険金受取人に支払う保険金の原資、付加保険料は保険会社が事業を行うにあたって必要な経費である。保険料の総額は、純保険料の総額と付加保険料の総額の合計と等しくなる

3．保険の構造

　保険料は保険会社が引き受けるリスクの度合いに比例するものでなければならない。保険料率は、それぞれの危険度に応じて決定される。木造建物では、構造、地域によって火災危険度が異なるから、全国の木造建物の火災保険は一律に定められているものではなく、構造、地域によって保険料率は異なるものとされている（R0448肢4）。

　なお、保険については、保険会社が保険のサービスを商品化して、契約者を募る制度となっている。保険会社の商品によって、特性が異なっている（H3034肢4、H2840肢3）。

4．借家人賠償責任保険等

　借家人賠償責任保険は、借家人が火災・爆発・水ぬれ等の不測かつ突発的な事故によって、賃貸人等に対する法律上の損害賠償を負った場合の賠償金等を補償する保険である（R0349肢4）。自らの家財が損害を受けた場合の損害の補填を受けるための保険ではない（R0242肢3）。

　建物所有者が付保する施設所有者賠償保険は、賃貸住宅の施設そのものの構造上の欠陥や管理の不備によって生じた損害に対して付保されるものであるから、上階入居者の貸室の使用方法に起因して損害が生じた場合には、建物所有者が付保する施設所有者賠償保険を適用することはできない（R0407肢イ）。

5．すまいの保険

　住宅に関する火災保険が、すまいの保険といわれている。火災、落雷、破裂・爆発、風災、雹（ひょう）災、雪災により建物や家財に損害が生じた場合に補償する

ものである。すまいの保険は、かつて住宅火災保険、住宅総合保険といわれていたが、現在はこれらの保険の新規加入の取扱いはなくなり既契約のみが残っている（H3034肢３、H2734肢３）。

６．地震保険

　地震保険は、地震、噴火またはこれらによる津波を原因とする建物や家財の損害を補償する保険である（R0242肢２）。地震保険は住宅の火災保険に付帯して加入する保険であり、単独での加入はできない（R0349肢３、R0140肢３、H3034肢２、H2934肢３、H2734肢４）。

　保険金額については制約がある。地震保険の保険金額は、主契約である火災保険の保険金額の50％まで、建物は5,000万円まで、家財は1,000万円までである（R0448肢２、R0242肢４、H2840肢１）。火災保険の保険金額が１億1000万円の場合の地震保険の限度額については、建物についての5,000万円までという制約によって、5,000万円が上限になる。

７．失火責任法

　失火責任法は、失火による不法行為責任を、故意重過失のある場合に限定するから、近隣からの類焼による被害を受けても、失火者に重大な過失がなければ、損害賠償を請求することはできない。自ら火災保険に加入することは、類焼被害に対する備えとなる（R0448肢３）。

> ▶ 1. 所得は「収入金額－必要経費」であり、所得に税率をかけて税額を算出する。所得税・住民税は必要経費には含まれない
> ▶ 2. 建物設備の、減価償却については、個人の所得計算においては、原則として定率法は認められず、定額法によって計算しなければならない
> ▶ 3. 固定資産税は1月1日現在の所有者に課される税金である。建物が1月1日に完成していなければ、建物にはその年の固定資産税は課税されない

1. 所得税

(1) 概説

所得税は、個人の所得に対する税金である。

> 所得＝収入金額－必要経費
> 所得税額＝所得×税率

という式で計算する。

　農業、漁業、製造業、卸売業、小売業、サービス業その他の事業を営んでいる人のその事業から生ずる所得を事業所得という。不動産の貸付けによる所得は事業所得ではなく、不動産所得や山林所得になる（R0244肢1）。

(2) 収入

　不動産賃貸の収入金額は、その年の1/1～12/31の間に受領すべき金額として確定した金額である。賃料等が未収であっても収入金額に含めなければならない（H2923肢1、R0345肢4、H2736肢2）。

　敷金・保証金の償却額は、返還を要しないことが確定していれば、収入に含まれる。収入金額として計上する時期は、返還しないことが確定したときである（H2923肢2、H2736肢3）。

(3) 必要経費

① 含まれるもの	・修繕費（資本的支出を除く）、損害保険料（掛け捨てのもの） ・不動産会社への管理手数料、入居者募集のための広告宣伝費 ・土地購入・建物建築の借入金の金利（事業供用後のもの） ・収入印紙（H3035肢3）、事業税（H2935肢エ、H2736肢4）、消費税（税込経理による場合）（H2935肢ア） ・土地建物の固定資産税・都市計画税（事業にかかわるもの。H2935肢イ） ・不動産取得税、登録免許税、登記費用、収入印紙（R0345肢3） ・建築完成披露のための支出（R0345肢3）

※　賃料が回収不能となったとき（貸倒れになったとき）には、損失として扱われる。賃料の回収不能による損失の金額は、原則としてその損失が生じた日の属する年分の不動産所得の金額の計算において必要経費に算入される（H2923肢3）。なお、滞納期間が長いというだけでは必要経費とされるものではない（H2923肢4）。

② 含まれないもの	・借入金の元本返済部分 ・家事費（事業に関連しないもの） ・所得税・住民税（R0549肢2、H2935肢ウ・肢オ、H2736肢4）

※　修繕費か資本的支出か明らかでない修理等の費用は、60万円に満たないか、または資産の前年末取得価額のおおむね10％相当額以下であれば、修繕費として認められる（R0244肢4）。

(4) 減価償却

　減価償却は、複数年にわたって使用する資産について、その取得価額をそれぞれの年に振り分ける手続き（取得価格と耐用年数に割り振って費用化する）である。建物附属設備、構築物、機械装置、車両、器具備品などが減価償却の対象である（土地、および事業の用に供していない部分は、減価償却の対象ではない）。

　個人の不動産賃貸業では、1998（平成10）年4月1日以後に取得した建物と2016（平成28）年4月1日以後に取得した建物附属設備・構築物については定率

法ではなく、定額法によって減価償却計算をしなければならない（R0244肢2）。

　　個人の所得税における取扱いとしては、取得金額が10万円未満の少額の資産の減価償却については、減価償却をせず、取得金額全額をその年の必要経費に算入することになっている（所得税法37条、同法施行令138条）（H2735肢1〜4、H3035肢1）。なお、法人の法人税では、減価償却をするか、全額をその年の必要経費とするかを選択することができる。

(5)　**確定申告**

　　不動産を賃貸し、不動産所得が発生すれば、所得税を納税しなければならない。

　　所得税は、不動産所得と他の所得（給与所得等）を合算して確定申告により計算する。サラリーマン等給与所得者は会社の年末調整により税額が確定するので、通常は確定申告をする必要はないが、不動産所得がある場合には、確定申告による計算・納付をしなければならない（R0345肢1、H2736肢1）。確定申告書の提出先は、住所地を管轄している税務署である（H3035肢4）。

　　所得税の計算においては、不動産所得などについて生じた損失を、給与所得などの他の所得と相殺できる場合がある。これを損益通算といい、損益相殺により、給与所得で源泉徴収された税金が還付される。不動産所得の損失額のうち、土地等を取得するための借入金利息は損益通算できないが、建物を取得するための借入金利息は、損益通算をすることができる（H3035肢2）。

(6)　**青色申告**

　　不動産所得のある個人は、青色申告をすることができる。青色申告の承認を受ければ、税務上の特典を受けられる。❶事業的規模により不動産の貸付けを行っていること、❷正規の簿記の原則（複式簿記）により取引を記帳していること、❸確定申告書に貸借対照表と損益計算書等を添付し、期限内に提出することという3つの要件を満たした場合には、不動産所得から、65万円の控除を受けられる（R0449肢ウ、R0244肢3）。

(7)　**譲渡所得の取扱い**

　　土地建物の譲渡所得については、他の所得金額とは合算せずに、分離して税額を計算し、確定申告によりその税額を納付するという申告分離課税制度がとられている（租税特別措置法31条1項、32条1項）（H2836肢4）。

　　賃貸住宅と自宅とを併用する不動産を売却する場合、譲渡所得について、特定の事業用資産の買換え特例等の譲渡所得の課税の特例と、個人が居住用財産の3,000万円控除の適用対象となる資産を譲渡した場合の特例の両方の適用対象と

なる。売却する不動産が賃貸住宅と自宅の併用住宅、店舗と事務所併用住宅等である場合には、2つの特例を組み合わせて利用することもできる（R0449肢ア）。

2. 固定資産税・都市計画税

固定資産税は、土地、家屋、償却資産を課税対象とする地方税である。毎年1月1日時点の土地・建物などの所有者に対し、市町村（東京23区は都）が課税する（R0135肢3、H2835肢1）。建物が1月1日に完成していなければ、建物にはその年の固定資産税は課税されない（R0449肢イ）。固定資産課税台帳に登録された価格が基準になる。

都市計画税は、都市計画区域内（都市計画区域のうち市街化区域内）にある土地、家屋を課税対象とする地方税である。毎年1月1日時点の所有者に対して市町村（東京23区は都）によって課税される（固定資産税と同様）。都市計画税は、固定資産税と一括して納付する（H2835肢2）。

固定資産税・都市計画税には、住宅用地について、軽減措置がとられている（H2835肢4）。土地について、課税標準額が

●固定資産税では、	⇒小規模住宅用地（200㎡以下）	1/6
	⇒一般住宅用地（200㎡超の部分）	1/3
●都市計画税では、	⇒小規模住宅用地（200㎡以下）	1/3
	⇒一般住宅用地（200㎡超の部分）	2/3

とされている。また、土地の固定資産税は、新築建物を建築した場合には、軽減される措置が設けられている（R0549肢3）。

なお、空き家については、空家対策法によって、市区町村から「管理不全空家」や「特定空家」としての指導を受け、それに従わずに勧告を受けると固定資産税等の軽減措置（住宅用地特例）が受けられなくなるものとされている。

3. 消費税

消費税は、課税事業者が行った国内取引に対して課税される国税である。税率は、10％（消費税7.8％、地方消費税2.2％）とされている。建物の売買代金（H2836肢3）、店舗の賃料、仲介手数料等の支払いは課税される（R0135肢2）。住宅の貸付けによる賃料に関する消費税については、貸付期間が1か月未満の場合には課税される（貸付期間が1か月以上なら課税されない。R0249肢イ）。

課税売上にかかる消費税から、課税仕入にかかる消費税を差し引いた額（仕入税額控除）が、納めるべき消費税となる。

次のものは、非課税売上、または非課税仕入となる。

　2023（令和5）年10月1日から、消費税の仕入税額控除の方式として、インボイス制度（適格請求書等保存方式制度）が開始された。仕入税額控除を適用するためには、交付を受けたインボイスを保存する必要がある。

　インボイスの発行は、課税事業者である「適格請求書発行事業者」に限られる。「適格請求書発行事業者」になるには、❶登録申請書を提出し、❷登録を受ける必要がある。消費税に関して免税事業者が課税事業者（適格請求書発行事業者）になった場合には、納付税額を課税標準額に対する消費税額の2割とすることができる仕組みなどが設けられている（R0549肢4）。

4．相続税および贈与税

⑴　相続の意義

　相続は、被相続人の死亡によって開始する。不動産や預金などのプラスの財産だけではなく、借金などのマイナスの財産も承継される。

　法律の規定によって定められた相続人が法定相続人、その者が承継する相続分が法定相続分である。配偶者は、常に法定相続人となり、（第1順位）配偶者と共に子、（第1順位の相続人がいない場合、第2順位）直系尊属（父母、祖父母）、（第1順位・第2順位の相続人がいない場合、第3順位）兄弟姉妹が法定相続人となる。法定相続人が配偶者と兄弟姉妹の場合の法定相続分は、配偶者4分の3、兄弟姉妹4分の1である。兄弟姉妹が複数の場合は人数按分される（H3036肢3）。

　相続が発生した時点で相続人になるはずの親族が死亡していた場合には、代襲相続（亡くなっていた親族に代わり、その子が相続する）となる。代襲相続は、相続開始前の死亡、欠格事由（民法891条）、廃除（民法892条）があった場合に生じる（民法887条2項）。相続放棄の手続をとった場合については、相続放棄をした者の子は代襲相続人にはならない（R0545肢2）。

(2) 相続税と贈与税の計算

相続財産には基礎控除があり、相続税は、基礎控除後の相続財産に課税される。基礎控除は、それぞれの相続人について、3,000万円＋600万円×法定相続人の数、という計算式によって算出される（R0545肢3、R0136肢1）。

贈与税の税額は、 $\boxed{\text{「贈与財産価額－基礎控除110万円」×税率}}$ という計算式で算定する（R0243肢3）。

(3) 相続時精算課税制度

生前の贈与について贈与税を納税し、その後の相続時に「その贈与財産と相続財産とを合計した価額を基に計算した相続税額」から「既に支払った贈与税額」を控除することにより、贈与税・相続税を通じた納税を可能とする制度が、相続時精算課税制度である。贈与された財産を相続財産の前払いとする仕組みである。

相続時精算課税制度を選択した場合には、60歳以上の親または祖父母から、18歳以上の子または孫に財産を贈与したときには、暦年課税に代えて、贈与財産が2,500万円を超えても、超えた部分の金額について一律20％の税率の贈与税を支払えばよい。贈与財産は、贈与時の評価額をもって、相続財産に加算されて相続税が計算される（R0545肢1）。相続時精算課税が選択されると、その年以降の贈与はすべて暦年課税ではなくこの制度によって課税される（R0243肢4、R0136肢4、H3036肢2）。

(4) 土地の評価

土地の評価は原則的には相続税路線価による。相続税のための土地の評価ついては、さまざまな特例がある。

まず更地に賃貸住宅や貸しビルを建設した土地（貸家建付地）の評価は、

$$\boxed{\text{更地の評価額×（1－借地権割合×借家権割合×賃貸割合）}}$$

という計算により決定される。

たとえば、借地権割合が70％、借家権割合が30％、賃貸割合が100％とすると、21％が減額される（R0243肢1）。なお、賃貸建物の相続税評価における借家権割合は、全国一律30％である（R0136肢2）。貸家建付地は、更地である場合に比べ土地の相続税評価額が下がることになる（H3036肢1）。

次に小規模宅地等の特例は、相続財産に被相続人または被相続人と同一生計親族の居住用または事業用になっていた宅地等がある場合には、その評価額を一定の面積まで、80％または50％減額される特例である。

貸付事業用宅地の評価減の特例は、適用対象面積200㎡までの土地について、減額割合50％が適用される制度である（R0545肢４、R0243肢１、R0136肢３、H3036肢４）。親族（相続した親族）の要件として、次のａ．またはｂ．のいずれかに該当する場合に適用される。

ａ．被相続人の不動産貸付事業の用に供されていた宅地で、被相続人の不動産貸付事業を引き継ぎ、申告期限まで引き続き貸付事業を営んでいる親族が取得した場合

ｂ．被相続人と生計を一にする親族の不動産貸付事業の用に供されていた宅地で、その生計を一にする親族が取得し、相続開始前から申告期限まで引き続きその自己の貸付事業を営んでいる場合

1．不動産の単位と不動産の登記

　土地の単位は筆であり、筆ごとに番号（地番）が付されている。他方で住居や建物の所在を示すには住居表示が用いられる。地番と住居表示は異なっている（R0350肢１）。複数の筆の上に１棟の建物が建っていることもある（R0133肢１）。

　土地（筆）と建物は、不動産登記により公示される。不動産登記記録（不動産登記簿）は、表題部で不動産を特定（土地については、地番で特定）し（表示登記）、権利部に権利に関する事項を記録する。マンションの表示登記の床面積は、各階ごとに壁その他の区画の中心線（区分建物にあっては、壁その他の区画の内側線）で囲まれた部分の水平投影面積によるものとされている（不動産登記規則115条）（R0346肢３）。

　未登記の不動産について、初めてする権利に関する登記をするときの登記を所有権の保存の登記という（R0133肢２）。

　権利部は、甲区と乙区に区分される。甲区には所有権に関する事項が登記される。乙区には所有権以外の権利に関する事項（抵当権、賃借権、地上権など）が登記される（R0112肢２）。

2．不動産の公的な価格

　土地には、４種類の公的な価格がある。

(1)　公示価格

　一般の土地の取引価格に対する指標の提供、公共用地の取得価格の算定規準、収用委員会による補償金額の算定などのため、地価について調査決定し、公表される価格である。土地鑑定委員会が決定し、１月１日時点の価格を３月に公表する。

(2)　基準地の標準価格（基準地価格）

　都道府県が地価調査を行い、これを公表する制度（都道府県地価調査）によっ
て調査された価格である。国土利用計画法による土地取引規制の価格審査を行う
などの目的で、都道府県知事が決定し、7月1日時点の価格を9月に公表する
（R0133肢3）。

(3)　路線価（相続税路線価）

　相続税・贈与税の課税における宅地の評価を行うために設定される価格であ
る。公示価格の80%程度とされている（R0350肢4）。国税庁（国税局長）が決
定し、1月1日時点の価格を7月に公表する（R0133肢4）。

(4)　固定資産税評価額

　固定資産に課される固定資産税を課税するためになされる評価による評価額で
ある。公示価格の7割程度とされている（R0350肢3）。市町村長が決定する。
3年ごとに評価替えされる。基準年度の初日の属する年の前年の1月1日の時点
における評価額であるが、一般には公表されない。

第8編

賃貸不動産経営
管理士

▶1．賃貸不動産経営管理士は、住生活の向上等に寄与するという重要な社会的責務を担っている

▶2．賃貸不動産経営管理士は、賃貸不動産経営・管理の専門家であり、管理業務の課題解決に向けて積極的に関与するべきである

▶3．賃貸不動産経営管理士については、倫理憲章が定められている

1．社会的な役割

賃貸不動産経営管理士は、人々の住生活の向上等に寄与するという重要な社会的責務を担っており、賃貸住宅管理業界全体の社会的役割の実現と人権意識の向上に努めなければならない（R0446肢1）。また、今後現れてくる新たな賃貸不動産の活用方策や、新たな課題の解決に向けた取組みにつき、積極的に関与し、協力をすることによって、わが国全体の不動産政策の推進と、それに伴う国民生活の安定向上に貢献することが期待される（R0348肢1）。

個々の社会問題でみると、賃貸不動産経営管理士は、空き家所有者に対し、賃貸不動産化による物件の有効活用の助言、賃貸借に係る情報・ノウハウ、入居者の募集、賃貸物件の管理等の引受けなどを助言・提言して、空き家の賃貸化の促進等を通し、空き家問題の解決に一定の役割を果たさなければならない（R0445肢3、R0348肢3）。住宅扶助費等における福祉事務所の代理納付制度や、残置物の取扱いに係る契約上の取扱いなどの賃貸人に対する説明などを通し、住宅確保要配慮者が安心して暮らせる賃貸住宅の提供に一定の役割を果たすべきであるし（R0445肢2、R0348肢4）、住宅宿泊事業等にも専門性と親和性があり、住宅宿泊事業等においても専門家としての役割を担う資質と能力を有する者である（R0348肢2）

2．所有者・管理業者との関係

賃貸不動産経営管理士は、賃貸不動産経営・管理の専門家であり、管理業者に助言を行うなどして、事業計画、予算管理や修繕計画など、管理業務の課題解決に向けて積極的に関与するべきである（R0445肢1、R0343肢4）。

事業計画を策定するにあたっては、建築する建物の種類・規模・用途を確かめ、必要資金の調達方法を相談したうえで、事業収支計画を計算することが重要となる（R0350肢2）。管理受託している賃貸不動産について、将来の修繕のための長期修繕計画を作成して賃貸人に提案することにより、賃貸不動産経営を支援する役割を担うことが期待される。長期修繕計画で、30年程度の将来の状況を想定するべきである（R0543肢4）。

物件状況報告や長期修繕計画の作成業務を行った場合には、報告内容は賃貸人に対して口頭で説明し、かつ書面によって賃貸人にその成果を報告するべきである。

報告文書には、専門家としての責任の所在を明確にするために記名することが望ましい（R0543肢1）。

　賃料水準の低下や空室期間の長期化が発生した場合には、賃貸経営の利益の安定や増加のための方策を示すことが求められる。課題と対策を物件状況報告書として賃貸人に提供することが望まれる（R0543肢3）。目標とする予算を達成することが難しくなった場合には、賃貸不動産経営管理士は、原因を分析し、収益の向上と費用の削減の観点から対応策を検討し、賃貸人に提言する役割を担う（R0543肢2）。

　賃貸住宅管理業法上、重要事項の説明、維持保全の実施などについて、管理監督に関する事務を行うことがその役割であり（賃貸住宅管理業法12条）、業務管理者が自ら実施するとされているものではない（R0343肢1）。とはいえ、賃貸不動産経営管理士が、業務管理者としてではなく、重要事項の説明、維持保全の実施などを自ら行うことも必要と考えられる（R0343肢2）。また、宅建業者が代理・媒介を行わず、転貸人が自ら転借人に賃貸住宅を賃貸するような場合に、転借人に対して重要事項説明や契約成立時の書面の作成交付を行うことは、賃貸不動産経営管理士に期待されている業務である（R0343肢3）。

　なお、管理受託契約は準委任であり、管理業者は貸主に対して善管注意義務を負う。管理業者は貸主の利益に反する行為を行ってはならないし、また賃貸不動産経営管理士もまた貸主の利益に反する行為を行ってはならない（R0446肢3）。

3．倫理憲章

　賃貸不動産経営管理士には、次のとおり、倫理憲章が定められている。

1．公共的使命

　　賃貸不動産経営管理士のもつ、公共的使命を常に自覚し、公正な業務を通して、公共の福祉に貢献する（H3038肢3、H2938肢エ）。

2．法令の遵守と信用保持

　　賃貸不動産経営管理士は関係する法令とルールを遵守し、賃貸不動産管理業に対する社会的信用を傷つけるような行為、および社会通念上好ましくないと思われる行為を厳に慎む（R0446肢4、R0138肢2、H2802肢2）。

3．信義誠実の義務

　　賃貸不動産経営管理士は、信義に従い誠実に職務を執行することを旨とし、依頼者等に対し重要な事項について故意に告げず、又は不実のことを告げる行為を決して行わない（R0138肢2、H2802肢1）。

4．公正と中立性の保持

　　賃貸不動産経営管理士は常に公正で中立な立場で職務を行い、万一紛争等が生じた場合は誠意をもって、その円満解決に努力する（R0138肢1、H3038肢

３、H2938肢ウ）。

５．専門的サービスの提供および自己研鑽の努力

　　賃貸不動産経営管理士はあらゆる機会を活用し、賃貸不動産管理業務に関する広範で高度な知識の習得に努め、不断の研鑽により常に能力、資質の向上を図り、管理業務の専門家として高い専門性を発揮するよう努力する。

６．能力を超える業務の引き受け禁止

　　賃貸不動産経営管理士は、自らの能力や知識を超える業務の引き受けはこれを行わない（R0446肢２、H3038肢２、H2938肢イ）。

７．秘密を守る義務

　　賃貸不動産経営管理士は、職務上知り得た秘密を正当な理由なく他に漏らしてはならない。その職務に携わらなくなった後も同様とする（R0138肢４、H3038肢１、H2938肢ア、H2802肢３）。

４．コンプライアンス

　　賃貸不動産経営管理士は関係する法令とルールを遵守しなければならない（倫理憲章２法令の遵守と信用保持）（R0446肢４）。

　　賃貸不動産経営管理士の試験問題では、たとえば次のとおり、賃貸不動産経営管理士のコンプライアンスや、人権感覚が問われている。

❶　夫婦が子供をもつかどうかを決めることは基本的人権の内容をなす（幸福を追求する権利）。入居審査において子供をつくる予定を確認することは、基本的人権を侵害するものであり「子供が生まれたときは退去するものとする」というような特約は無効である（R0204肢１）。

❷　自殺など居室内での人の死亡がそこでの居住に嫌悪感を感じさせ得る事実となる。賃貸物件の入居希望者から、入居を希望する居室内で死亡した人がいるかと質問されたところ、３年前に死亡した人がいたので、いると答えることは、プライバシーへの配慮などがなされていれば、不適切ではない（R0204肢２）。

❸　騒音や振動その他迷惑行為が行われることは入居後の住み心地に悪影響を与える可能性のある事実だから、入居希望者に迷惑行為を行っている入居者がいると答えることは、不適切ではない（R0204肢３）。

❹　監視カメラで撮影される人の容貌はプライバシーの権利に属する。ただし、警察からの照会は法令に基づくものであって（刑事訴訟法197条２項）、本人の承諾なくそのデータを警察に提供しても、違法なプライバシーの侵害とはならない（R0204肢４）。

事項索引

維持保全

229

令和6（2024）年度版
賃貸不動産経営管理士　試験対策用テキスト

2024年5月9日　第1版第1刷発行

編　著	賃貸不動産経営管理士資格試験対策研究会
発行者	箕　浦　文　夫
発行所	株式会社大成出版社

東京都世田谷区羽根木 1 － 7 － 11

〒156-0042　電話 03（3321）4131（代）

https://www.taisei-shuppan.co.jp/

ISBN978-4-8028-3561-9